ESTHER WOJCICKI

Tradução de THAÏS COSTA

MOONSHOTS NA EDUCAÇÃO

ENSINO HÍBRIDO
E APRENDIZAGEM
COLABORATIVA NA
SALA DE AULA

© Esther Wojcicki

Diretor editorial
Marcelo Duarte

Diretora comercial
Patth Pachas

Diretora de projetos especiais
Tatiana Fulas

Coordenadora editorial
Vanessa Sayuri Sawada

Assistente editorial
Olívia Tavares

Conselho editorial
Josca Ailine Baroukh
Marcello Araujo
Shirley Souza

Projeto gráfico e capa
A+ Comunicação

Ilustração de capa
Walter Vasconcelos

Diagramação
Vanessa Sayuri Sawada

Preparação
Beatriz de Freitas Moreira

Revisão
Carmen T. S. Costa

Impressão
Lis Gráfica

CIP – BRASIL. CATALOGAÇÃO NA PUBLICAÇÃO
SINDICATO NACIONAL DOS EDITORES DE LIVROS, RJ

Wojcicki, Esther

Moonshots na educação: ensino híbrido e aprendizagem colaborativa na sala de aula / Esther Wojcicki; tradução Thaïs Costa. – 1. ed. – São Paulo: Panda Educação, 2019. 160 pp.

Tradução de: Moonshots in education – launching blended learning in the classroom
ISBN: 978-85-7888-731-5

1. Tecnologia educacional. 2. Inovações educacionais. 3. Professores – Efeito das inovações tecnológicas. 4. Formação de professores. I. Costa, Thaïs. II. Título.

Bibliotecária: Meri Gleice R. de Souza – CRB-7/6439

19-54889

CDD: 370.71
CDU: 37.026

2019
Todos os direitos reservados à Panda Educação.
Um selo da Editora Original Ltda.
Rua Henrique Schaumann, 286, cj. 41
05413-010 – São Paulo – SP
Tel./Fax: (11) 3088-8444
edoriginal@pandabooks.com.br
www.pandabooks.com.br
Visite nosso Facebook, Instagram e Twitter.

Nenhuma parte desta publicação poderá ser reproduzida ou compartilhada por qualquer meio ou forma sem a prévia autorização da Editora Original Ltda. A violação dos direitos autorais é crime estabelecido na Lei nº 9.610/98 e punido pelo artigo 184 do Código Penal.

*Para professores mundo afora que trabalham
incansavelmente e cuja influência afeta a
eternidade para o bem de todos nós.*

Sumário

7   Prefácio, por Lilian Bacich

11   Apresentação, por André Luiz Costa

15   A revolução da aprendizagem on-line

22   **O que é moonshot?**
22   O *moonshot* original
23   Pensamento *moonshot* moderno
24   Como usar este livro
25   Por que precisamos de um *moonshot* agora?

28   **O segredo da aprendizagem híbrida**
30   Confiança
33   Respeito
35   Independência
36   Colaboração
36   Gentileza

38   **Além da leitura, escrita e matemática**
40   Quais são as habilidades do século XXI?
41   Fatores não cognitivos para o êxito em longo prazo
44   Dificuldades desejáveis na aprendizagem
49   Fatores socioemocionais na aprendizagem
52   Atenção, por favor!
54   Como estimular essas habilidades em casa e na sala de aula
57   O papel da tecnologia na aprendizagem socioemocional e na sala de aula
58   Pesquisa na era da tecnologia
60   Habilidades de pesquisa on-line, por Daniel M. Russell

72   **Exemplos reais de moonshots na educação**
73   Uma visão mais detalhada da aprendizagem híbrida
78   Exemplos reais de sala de aula

107 Jornalismo e estudos de mídia
113 Respeito
115 Plano de trabalho
118 Programas de jornalismo
121 Deveres sugeridos
126 Parceria para o aprendizado do século XXI
131 Empecilhos para implantar um programa de Mídias e Artes
138 *Moonshots* na voz dos alunos e professores
139 *Moonshots* em teoria musical, por Maya Kitayama
148 A magia da motivação, por Paul Kandell

154 Agradecimentos

156 Referências bibliográficas

PREFÁCIO

por Lilian Bacich[1]

As pessoas não aprendem da mesma forma, no mesmo ritmo e ao mesmo tempo. Essa afirmação não parece trazer nenhuma novidade para a educação. Diferentes pesquisadores, ao longo do tempo, apresentaram suas teses sobre a importância de compreendermos que as pessoas não são todas iguais e que educadores precisam identificar o que seus alunos já sabem para, a partir daí, desenharem suas aulas para alcançar as expectativas de aprendizagem de seus estudantes.

Apesar disso, ainda é possível passar por corredores de instituições de ensino e, ao olhar para dentro das salas de aula, encontrar alunos enfileirados, alguns atentos, outros nem tanto, acompanhando a exposição de um conteú-

---

1 Lilian Bacich é doutora em psicologia escolar e do desenvolvimento humano pela Universidade de São Paulo (USP); mestre em educação: psicologia da educação pela PUC/SP; e graduada em biologia (Mackenzie) e pedagogia (USP). Possui ampla experiência na área de educação, com mais de vinte anos de atuação em sala de aula e na gestão da educação básica. Atualmente, é pesquisadora com foco no estudo de metodologias ativas na educação, coordenadora de curso de pós-graduação e formadora de professores com foco em metodologias ativas. É organizadora dos livros *Ensino híbrido: personalização e tecnologia na educação* e *Metodologias ativas para uma educação inovadora*, entre outros.

do realizada por um professor. A mesma aula, de um para muitos, acontecendo durante uma, duas, três, quatro horas (ou mais) de uma rotina escolar. Estratégia que se repete durante dias, meses, anos de uma vida escolar.

Certamente você, leitor, deve estar relembrando as aulas pelas quais passou como estudante e essa imagem não deve ser tão diferente do que viveu. Esse panorama não é exclusivo da escola brasileira, mas, se observarmos salas de aula pelo mundo, em muitos países encontramos essa mesma configuração.

Apesar desse cenário, em muitos lugares observamos educadores se arriscando, buscando inovar na forma de conduzir suas aulas, tentando construir experiências de aprendizagens que façam sentido aos seus alunos. Educadores destemidos que se lançam ao desafio de ter ideias audaciosas com o intuito de atingir resultados significativos em relação à aprendizagem dos estudantes, favorecendo a colaboração, a criatividade, o pensamento crítico, a comunicação. É essa a mensagem que Esther Wojcicki transmite em *Moonshots na educação*. O termo "*moonshot*" remete ao lançamento do voo espacial que levou o homem à Lua. Em uma época em que havia pouca tecnologia para resolver esse problema, ele parecia inatingível. Realizar essa façanha foi algo que rompeu paradigmas e, devido às pesquisas espaciais realizadas para alcançar esse objetivo, promoveu avanços para a sociedade como um todo.

A experiência da autora tem em sua essência o pensamento *moonshot*. Esther, em 1987, contou com a ajuda de seus alunos para desvendar o funcionamento de computadores que tinham acabado de chegar em sua escola e passou a fazer uso desses recursos com intencionalidade pedagógica na criação de um jornal.

O estudo sobre o uso das tecnologias digitais na educação data desta época, com a introdução do uso dos computadores na escola, e outras diversas pesquisas que buscaram compreender sua implementação e analisar as consequências dessa utilização. Mesmo não sendo um tema novo, ainda hoje o envolvimento das instituições de ensino, professores e demais profissionais da educação nesse processo de implementação das tecnologias digitais é considerado um desafio e discussões sobre o tema são recorrentes.

Uma das questões a ser considerada trata-se da organização da atividade didática com o uso das tecnologias digitais. Nesse aspecto, há evidências de que a integração das tecnologias digitais ao currículo, aspecto evidenciado na Base Nacional Comum Curricular (BNCC), favorece a personalização porque, ao reunir diferentes experiências de aprendizagem, presenciais e on-line, consegue respeitar diferentes estilos de aprender. O uso das tecnologias digitais pode, ainda, ser potencializado quando inclui estratégias. Nesse aspecto, evidencia-se o potencial do ensino híbrido em aulas que consideram as metodologias ativas, ou seja, que envolvem o trabalho colaborativo e que veem o estudante com um papel ativo, protagonista e autônomo.

Ao analisar a percepção dos alunos em aulas que envolvem o uso integrado de tecnologias digitais, observamos que eles consideram a tecnologia como um importante recurso para aprender, porém, os resultados de entrevistas apontam que a sua utilização não ocorre com a frequência desejada por eles, pois a maioria dos alunos gostaria que as tecnologias digitais fossem mais utilizadas pelos professores em sala de aula (MARTINS, 2016). Os estudantes valorizam a colaboração entre pares ao aprender e consideram que o fato de compartilhar dúvidas e saberes com os colegas facilita a aprendizagem, o que é pouco explorado quando as aulas estão centradas na exposição feita pelo professor.

Os professores, por sua vez, são enfáticos ao apontar que o modelo de ensino centrado na exposição do professor, principalmente em grupos numerosos de estudantes, não possibilita sua aproximação constante e compreensão das facilidades e dificuldades dos alunos. Entre as vantagens da utilização das tecnologias digitais está o feedback imediato, que favorece a personalização e pode ser uma ferramenta poderosa para auxiliar o professor a entender melhor as necessidades de sua turma.

Certamente, não podemos considerar a utilização e integração de tecnologias digitais na educação como a única solução para resolver a questão da inserção dos estudantes em uma cultura digital que origine novas aprendizagens. Porém, a reflexão sobre a constituição de novos espaços de aprendizagem, que possibilitem a integração do on-line em abordagens que podem causar ruptura em relação ao modelo vigente e que considerem as necessidades de aprendizagem, os projetos de vida e a autonomia dos estudantes também podem ser um caminho para a inserção do estudante do século XXI em um ambiente educacional que valorize a formação integral. É importante, contudo, compreender que é necessário persistência nesse processo, pois não se modifica uma cultura escolar de um dia para o outro, é necessário arriscar. O termo *moonshot* nunca foi tão urgente!

APRESENTAÇÃO

por André Luiz Costa[2]

No início dos anos 1990, eu estava entre os milhões de estudantes que se formaram no 1º grau das escolas públicas no Brasil. Depois, cursei o chamado colegial e, de Penápolis, no interior paulista, segui para a capital para fazer jornalismo na Universidade de São Paulo, onde passei por um dos vestibulares mais concorridos do país. Desde então, trabalhei como repórter, editor e cheguei à direção de Redação sempre pensando em como eu poderia criar oportunidades para profissionais sob minha liderança e como contribuir para melhorar a realidade de milhões de ouvintes e telespectadores. Foi a educação que transformou a minha vida. Foi a educação que me ajudou a transformar a vida de outras pessoas.

É mais do que eu sonhava e muito mais do que o sistema educacional público havia me oferecido. Cheguei aqui inspirado por professores que se conectaram comigo, que me mostraram como descobrir caminhos, resolver problemas, não desistir na adversidade, ter iniciativa, respeitar o interlo-

---

2 André Luiz Costa é diretor-executivo de jornalismo da Rede Bandeirantes e membro do Conselho de Ética do Conselho Nacional de Autorregulamentação Publicitária (CONAR). Formado em jornalismo pela USP, atuou na criação e implantação da Rádio BandNews FM, tendo sido diretor de jornalismo da emissora por nove anos.

cutor e valorizar o diálogo e as diferenças. Mostraram, principalmente, que era muito importante acreditar no próprio sonho. E eles fizeram isso à revelia do que o sistema definia como "educar". Eram a exceção.

Tive a sorte de encontrar os guias certos nesse caminho. Cada um desses mestres fez comigo, por iniciativa própria, o que hoje se coloca como necessidade urgente para o planeta: inspirar as potencialidades de todo jovem estudante. Ensinar a pensar, e não apenas a retransmitir aos alunos informações e dizer "faça isso ou faça aquilo".

Mais de vinte anos depois de ter me formado em jornalismo, enxerguei uma grande oportunidade: oferecer de forma estruturada e sistemática a alunos brasileiros a mesma "sorte" que tive na escola pública quando adolescente.

Estávamos a cinco meses das eleições de 2018, e muito se discutia sobre o impacto das *fake news* na campanha brasileira, como tinha acontecido nos Estados Unidos em 2016. Diante das fraudes e do ódio crescentes nas redes sociais, eu me cobrava dia e noite: o que posso fazer para ajudar? Não acreditava que a solução estaria apenas em alguma ideia para a cobertura eleitoral. Aparentemente, faríamos um trabalho de "enxugar gelo". Foi então que um convite para uma palestra em São Paulo de uma educadora da Califórnia sobre *fake news* caiu na minha caixa de e-mails. Intuitivamente lá fui eu ver o que Esther Wojcicki tinha a dizer.

Esther Wojcicki, conhecida por seus alunos como Woj, abandonou a carreira de jornalista em 1984 para se tornar professora na Palo Alto High School, uma escola pública de ensino médio próxima da região do Vale do Silício. Ali, ela iniciou o curso de jornalismo com uma proposta inédita: usar a tecnologia na sala de aula e estabelecer uma relação de parceria e confiança entre aluno e professor. Isso em 1987! Mais de trinta anos depois, o Centro de Mídias e Artes da Palo Alto High School é um dos maiores programas de jornalismo dos Estados Unidos, e conta com mais de seiscentos alunos que são responsáveis pela produção de revistas, jornais, sites, programa de TV e rádio. Os alunos cuidam sozinhos dessas publicações, desde a definição de conteúdo até a venda de espaços para publicidade para custear a impressão do material.

Em sua palestra, Esther defendeu a necessidade de mudarmos urgentemente a forma como educamos as crianças e os jovens na era digital. A escola do século XXI, disse ela, precisa preparar os alunos para um mundo dominado pelas mídias sociais e que enfrenta problemas globais como mudanças climáticas e concorrência no mercado de trabalho. E o mais impressionante é que a Esther usa o jornalismo como ferramenta para ensinar aos seus alunos habilidades como pensamento crítico, colaboração, comunicação e criatividade. Era isso!

Senti fortemente que tinha de trazer aquele projeto para o Brasil. Fui muito incentivado pela minha esposa Mariana Ferrão, também jornalista. Quatro meses depois, eu desembarcava no Vale do Silício para ver de perto a atuação de Esther. Lá, entre alunos entusiasmados, pude ver na prática a metodologia criada pela professora. Então me lembrei dos meus tempos de estudante e de tudo o que tinha ajudado a construir a minha trajetória.

Estava comigo na viagem o jornalista e editor Marcelo Duarte, que acreditou na ideia e topou me acompanhar nessa jornada, cujo primeiro passo é a publicação deste livro que você tem em mãos.

Nesta obra, Esther revela como o uso da tecnologia em sala de aula revolucionou a aprendizagem dos alunos e, mais ainda, como o trabalho com o jornalismo ajudou os estudantes a se tornarem independentes, a ter confiança em si mesmos, a respeitar os colegas e a trabalhar em equipe, colaborando uns com os outros. A autora discute também quais são as habilidades para o século XXI, que vão muito além do ensino de leitura, escrita e matemática, e traz exemplos de professores que estão realizando verdadeiros *moonshots* em suas escolas.

Como Esther diz, não vamos resolver os problemas da humanidade enquanto todo mundo disser o que os estudantes devem fazer. O nosso desafio é formar jovens autônomos, colaborativos, com espírito crítico, tolerantes, criativos e que busquem soluções para os problemas da vida em sociedade.

Educação e jornalismo são dois instrumentos para mudar o mundo, na prática. Juntá-los, baseados em métodos pedagógicos inovadores como fez Esther, é tão simples e sustentável quanto poderoso. E o objetivo não é formar jornalistas, mas cidadãos conscientes e seres humanos melhores.

A REVOLUÇÃO DA APRENDIZAGEM ON-LINE

Alan November[3], líder em tecnologia da educação, conta em seu conhecido livro sobre o poder da aprendizagem na era digital a história de um garoto chamado Gary que entra em um laboratório de informática no início das férias de verão. O menino só queria usar o laboratório de informática para aprender programação. Ele não queria roubar o computador, que era um desktop pesado; queria apenas usá-lo para trabalhar em seu projeto. E acabou concluindo o curso inteiro em uma semana, sem nenhuma interação ou ajuda de seu professor. Isso foi uma epifania para November. Ele não podia acreditar que aquele aluno conseguira concluir um semestre inteiro do curso em uma semana, mas quando Gary apareceu com todos os deveres finalizados e perfeitos, November mudou de ideia. Ele percebeu que "a informática pode ter implicações realmente amplas no processo educa-

---

3 Alan November começou sua carreira como professor de ciências e matemática. É cofundador do Instituto para Liderança e Tecnologia na Educação da Universidade Stanford. Autor de dezenas de livros, entre eles *Who owns the learning? – preparing students for success in the digital age* [Quem é o dono da aprendizagem? – preparando os estudantes para o sucesso na era digital], que traz a história do aluno citado neste capítulo.

cional". A chave para o êxito de Gary foi que o computador lhe dava feedback imediato. Além disso, ele sentiu que era totalmente responsável por seu trabalho e, portanto, teve o mesmo entusiasmo da garotada quando se divertia com jogos no computador.

Essas três características da aprendizagem on-line são o que a torna tão poderosa: 1) há feedback imediato; 2) o estudante se apossa do seu processo de aprendizagem; e 3) o professor não desempenha o papel central. Ter o controle da própria aprendizagem é fundamental para o protagonismo dos estudantes.

Este livro é sobre aprendizagem híbrida (*blended learning*) e educação baseada em projetos nos quais a aprendizagem on-line é usada em conjunto com o ensino em sala de aula. A aprendizagem híbrida é definida por Michael Horn, do Instituto Innosight, como "um programa de educação formal no qual o estudante aprende pelo menos em parte por meio da entrega on-line de conteúdo e instrução, tendo algum elemento de controle sobre tempo, lugar, caminho ou ritmo, e pelo menos em parte em um lugar físico supervisionado que seja distante de casa".

O momento para a aprendizagem híbrida, também conhecida como ensino híbrido, é agora. No governo do presidente Barack Obama foi solicitado 68,8 bilhões de dólares para um programa federal que visava apoiar educadores na criação e uso de recursos de aprendizagem digital, incluindo dispositivos móveis. O programa também pretendia expandir a colaboração e envolvimento entre pais, professores e redes profissionais. Esse seria o maior montante de todos os tempos destinado à educação e abriria a porta para realizações notáveis. Outro apoio a esse momento fantástico é o movimento anunciado pela Casa Branca em 2014 para ajudar distritos escolares na transição para a aprendizagem personalizada.

Este livro é intitulado *Moonshots na educação* por vários motivos, mas o principal é infundir coragem para que professores e gestores mudem a cultura arraigada de ensino em sala de aula há séculos – o método da aula expositiva – em prol de algo verdadeiramente interativo.

Em primeiro lugar, mudar a cultura requer *confiar* nos estudantes. Historicamente, nunca se confiou nos estudantes; seguia-se a premissa de que eles não eram confiáveis. O sistema escolar é estruturado para desconfiar dos alunos e não respeitá-los. No entanto, como a história de Gary ilustra, injetar confiança no alunado tornaria a aprendizagem mais efetiva. Estudos sobre educação confirmam isso, mostrando que quando os estudantes se apoderam da aprendizagem, ficam mais envolvidos e aprendem mais.

Ao mesmo tempo que precisam confiar nos estudantes para que se apoderem do próprio aprendizado, os professores também merecem confiança. A falta de confiança em nossas escolas começa de cima para baixo. Hoje em dia, em todos os distritos, os professores seguem um roteiro rígido do que e como ensinar para cada dia do ano letivo, pois as diretorias não confiam neles. Então, para se assegurar de que os professores estejam cumprindo a sua função, os estudantes são constantemente testados.

Não é à toa que os alunos fiquem entediados; não surpreende que 50% dos professores nos Estados Unidos abandonem o cargo após cinco anos.

O problema se agrava pelo fato de que vivemos em um país regido pelo medo. O sequestro de Jaycee Lee Dugard, de 11 anos, em 1991, e o sequestro e assassinato de Polly Klaas, de 12 anos, em 1993, traumatizaram uma geração de pais. As pessoas têm medo de deixar os filhos irem a pé às lojas do bairro. Nunca se veem crianças andando sozinhas para a escola. Até em cidades como Palo Alto, Califórnia, onde a criminalidade é baixa, os pais levam as crianças à escola todas as manhãs. Temamos que elas se desgrudem de nós no supermercado porque pode haver um predador rondando por perto. Quando foi a última vez que você ouviu um anúncio no alto-falante de que havia uma criança perdida?

O medo se estende a outras áreas da vida dos norte-americanos, notadamente a educação. Temamos que nossos filhos não recebam a educação correta, e, assim, quem tem condições financeiras os matricula em escolas privadas. Nas escolas públicas temamos que os professores sejam displicentes, então os testamos sem parar. Os pais não confiam nos gestores nem nos professores, que, por sua vez, não confiam nos estudantes nem nos pais.

Precisamos romper esse ciclo e trabalhar juntos na criação das crianças, conforme disse Hillary Clinton em seu livro *É tarefa de uma aldeia*, de 1996. "Crianças não são individualistas empedernidas", escreveu ela. "Elas dependem dos adultos que conhecem e de milhares de outras pessoas que diariamente tomam decisões que afetam seu bem-estar. Todos nós, reconheçamos ou não, somos responsáveis por decidir se nossos filhos serão criados em um país que não só adota valores familiares, mas que valoriza as famílias e as crianças."

Hoje, a educação precisa de *moonshots* para que haja uma grande *mudança na cultura*. Mudar a cultura é a coisa mais difícil de fazer em qualquer situação, mas isso precisa ser feito urgentemente em nossas escolas. Mais de 70% dos professores ainda usam o modelo de aula expositiva tradicional em vigor no ensino há séculos. Mas agora eles ensinam diretamente para as provas, pois as notas obtidas estão ligadas às suas avaliações. Eles até podem ter computadores, tablets e telefones celulares na sala de aula, entretanto a presença desses dispositivos por si só não muda a cultura. As fichas de trabalho podem não ser mais de papel e estar em um computador, mas a cultura permanece a mesma: o professor está no comando, é quem dirige e controla a aprendizagem.

Muitos professores agora têm quadros brancos eletrônicos, porém isso só reforça a sua imagem como "o sábio no palco" e o responsável pela aprendizagem. Embora muitos estudos mostrem que os estudantes aprendem melhor quando se encarregam de sua aprendizagem, continuamos reforçando o professor como oráculo.

Para entrar de vez no século XXI, as escolas precisam se arriscar – fazer um *moonshot*. Elas precisam descobrir uma maneira de mudar a cultura da sala de aula de um modelo dirigido pelo professor para outro liderado pelo estudante. Essa é a base da aprendizagem híbrida. Com o apoio da tecnologia, os estudantes podem se apoderar e direcionar pelo menos parte de sua educação. Hoje, os estudantes têm uma biblioteca inteira no telefone celular que carregam no bolso. Qualquer coisa que queiram saber pode ser consultada em minutos. Mesmo assim, em muitos distritos escolares, incluindo alguns dos maiores no país, telefones celulares são proibidos, a internet é censurada, e computadores e tablets são minimamente usados. O departamento de educação de Los Angeles, um dos maiores distritos no país, censura o Google e bloqueia o Facebook e o YouTube. Esse distrito distribuiu iPads para os estudantes em um plano de 1 bilhão de dólares em 2013, mas os recolheu semanas depois, porque os estudantes haviam hackeado o site do Facebook.

O Google+ não é usado em escolas por causa do receio de violar leis federais, como a de proteção da privacidade infantil on-line e a de proteção das crianças na internet. O Google+ seria uma ferramenta excelente para que círculos de estudantes se encontrassem on-line para fazer o dever de casa em um Google Hangouts, mas isso não é estimulado devido a essas leis. Enquanto todos nós estamos preocupados em proteger nossos filhos contra predadores, deveríamos também nos preocupar com o excesso de proteção, que pode inibir a verdadeira aprendizagem.

Os estudantes deveriam ser ensinados a pesquisar inteligentemente e a entender os resultados de suas buscas. Eles deveriam ser ensinados a diferenciar entre fato e opinião, a saber quem é o criador de um site, a determinar se a informação é fidedigna. Eles precisam saber como navegar pela internet, como lidar com *bullying*, como ser cidadãos digitais inteligentes e responsáveis. Essas habilidades estão entre aquelas necessárias para uma aprendizagem ao longo da vida.

Há vários capítulos neste livro abordando esses tópicos e muitos livros e artigos publicados mostram a importância da tecnologia digital no processo educacional e na preparação para o mundo do trabalho. Nós não podemos ficar para trás em um mundo que está mudando velozmente.

O que é preciso para as escolas de nosso país ensinarem para o século XXI – ou seja, ensinarem aos estudantes como navegar na verdadeira internet, não em uma versão censurada? É preciso o mesmo tipo de energia e coragem requerido para o lançamento de uma nave para a Lua, ou seja, um *moonshot*.

O QUE É MOONSHOT?

> *Nós decidimos ir à Lua nesta década e fazer as outras coisas, não porque elas sejam fáceis, mas porque são difíceis.*
>
> John F. Kennedy

O *moonshot* original

Em 25 de maio de 1961, o presidente John F. Kennedy fez um discurso ao Congresso sobre "necessidades nacionais urgentes", as quais incluíam a meta de fazer um homem desembarcar na Lua e trazê-lo de volta são e salvo à Terra no final da década. Céticos declararam que o cronograma de Kennedy era ambicioso demais. Um mês antes desse discurso do presidente, o cosmonauta russo Yuri Gagarin se tornara o primeiro ser humano a viajar para o espaço. Gagarin orbitou a Terra, e agora Kennedy também estava mirando a Lua.

No prazo de um ano, dois astronautas norte-americanos fizeram uma viagem espacial. No ano seguinte, quatro norte-americanos haviam orbitado a Terra. A exploração espacial continuou ao longo da década de 1960, com cada missão chegando mais perto da meta: pousar na Lua.

Em 20 de julho de 1969, Neil Armstrong entrou para a história como a primeira pessoa a caminhar na Lua. O termo *"moonshot"* foi cunhado para representar o pensamento destemido e audacioso que pode levar a novas descobertas que façam a sociedade avançar.

Pensamento *moonshot* moderno

Moonshots envolvem metas difíceis de atingir, aparentemente até impossíveis. Quando se pensa em inovação nos nossos dias, o trabalho do Google vem logo à mente. Após criar um motor de busca usado por mais de 1 bilhão de pessoas por mês, pesquisadores no Google agora estão trabalhando em novas ideias ousadas, como projetar carros autônomos e prover serviço de internet por meio de balões na estratosfera para os dois terços da população mundial que ainda não contam com isso.

Talvez você se pergunte o que exploração espacial e carros autônomos têm a ver com a sua vida de professor. Talvez sua escola esteja implantando a distribuição de tablets para todos ou tenha mudado de foco para alinhar seu currículo com as diretrizes nacionais. Você pode achar que é coisa demais para aprender em pouco tempo e que todo esse novo conhecimento é desanimador. É justamente nesse ponto que este livro pode ajudá-lo. A carreira de professor é inerentemente desafiadora e você não é o único a sentir isso. Neste livro, além de discutir ferramentas e métodos que funcionaram bem em outras salas de aula, eu também aponto recursos e redes que você pode usar quando precisar de orientação ou quiser partilhar ideias. Minha meta principal é ajudar os professores a "se lançarem à Lua", por mais difícil que isso possa parecer. Parafraseando o presidente Kennedy, decidimos lecionar não porque seja fácil, mas também porque é difícil. E conforme mostrado consistentemente por pesquisas, aprender também não é fácil – o êxito na escola e na vida está ligado à capacidade da pessoa de enfrentar desafios e superar obstáculos.

Como usar este livro

A questão da perseverança em momentos difíceis está presente em todo o livro. Primeiramente, discutiremos descobertas de pesquisas recentes sobre as chamadas "habilidades não cognitivas" – determinação, tenacidade e perseverança –, que comprovadamente são cruciais para o êxito. A cobertura sobre educação feita pela mídia frequentemente enfoca êxitos específicos em matérias como matemática ou leitura, mas nós destacamos fatores além das habilidades acadêmicas que podem ser cultivados e integrados às experiências em sala de aula.

A seguir, damos exemplos de aprendizagem híbrida bem-sucedida em salas de aula nos Estados Unidos e pelo mundo. Você notará que, embora haja pontos em comum em muitos programas abordados, cada cenário é único para seus professores e estudantes. Nós o convidamos a refletir sobre quais desses métodos se encaixam melhor em sua sala de aula e como você pode conceber uma experiência personalizada que atenda às necessidades de cada aluno.

Nós compreendemos que mudanças possam ser intimidantes, especialmente quando se trata de introduzir tecnologias tão recentes. Lembre-se, porém, que você não está sozinho. Esperamos que, após ler este livro, você se sinta preparado para testar algumas técnicas e ferramentas novas em sua sala de aula – não porque isso seja fácil, mas por ser difícil.

Por que precisamos de um *moonshot* agora?

Como diz o ditado, não há momento melhor do que o presente. O estado da educação em praticamente todo o mundo requer uma grande mudança. Com apenas 51% das crianças de três anos matriculadas na pré-escola e 46% dos professores deixando a profissão no prazo de cinco anos, o ensino público nos Estados Unidos vive uma situação perigosa. Essas estatísticas alarmantes não são apenas um problema para aqueles diretamente afetados. Quando metade de nossos jovens não está matriculada na escola e metade dos nossos professores não consegue encarar o desafio, isso afeta todos nós. Uma mudança sistêmica é imperativa, e sabemos que reformas em grande escala demandam muito tempo e dinheiro.

Mas acreditamos firmemente que a mudança pode começar com o indivíduo.

RECOMENDAÇÕES: CINCO PILARES DE POLÍTICAS PÚBLICAS NOS ESTADOS UNIDOS

- Finanças suficientes, eficientes, equitativas
- Professores, diretores, currículo
- Educação na primeira infância
- Reduzir a pobreza
- Responsabilidade e governança

EACH AND EVERY CHILD[4]

Fonte: Proposta apresentada pela Comissão para Igualdade e Excelência na Educação, da Each and Every Child, ao Departamento de Educação dos Estados Unidos.

---

4   Each and Every Child [Para cada e toda criança] é uma organização responsável por colaborar com as políticas públicas de educação dos Estados Unidos. Seus membros são integrantes do Congresso Norte-Americano e atuam com propostas para o Departamento de Educação do Governo Federal. (N.E)

EIXOS DA EDUCAÇÃO NO BRASIL

No Brasil, dentre os eixos prioritários de atuação destacados pelo Ministério da Educação em 2019, temos:
- A Política Nacional de Alfabetização, que promoverá a valorização da Educação Básica;
- A Base Nacional Comum Curricular (BNCC), que traça o panorama das aprendizagens essenciais almejadas na Educação Básica. A Base tem seus fundamentos pedagógicos estruturados em dois pontos: **foco no desenvolvimento das competências**, definidas como a mobilização de conhecimentos, habilidades, atitudes e valores para "resolver demandas complexas da vida cotidiana, do pleno exercício da cidadania e do mundo do trabalho" (BRASIL, 2018, p. 8); e **compromisso com a educação integral**, na qual a aprendizagem deve dialogar com as necessidades, possibilidades e interesses dos alunos;
- O Novo Ensino Médio: atrativo para jovens, com foco na educação profissional técnica, no empreendedorismo e na criatividade;
- A valorização da Educação Especial;
- O fomento à formação inicial e continuada dos professores. ∎

O SEGREDO DA APRENDIZAGEM HÍBRIDA

Tudo começou em 1987, quando recebi uma doação do estado da Califórnia. O estado me enviou oito computadores Macintosh, sem antes perguntar se eu sabia usá-los, e quando eles chegaram eu não tinha sequer ideia de como ligá-los. Então me dei conta do potencial fiasco se eu não conseguisse ajuda urgente. Procurei colegas que pudessem me ajudar, mas nenhum deles soube o que fazer. Nossa escola não tinha um departamento de informática. Assim criei coragem e confessei a meus alunos que eu não sabia usar os novos computadores e que precisava de ajuda. Embora eu não percebesse naquele momento, isso acabou sendo um golpe de sorte que deu início à minha nova metodologia de ensino.

Os alunos ficaram totalmente emocionados por me ajudar (imagine só a professora pedindo a sua ajuda?!), e esse foi o ponto de partida do meu modelo de ensino colaborativo. Naquela altura, essa designação ainda não existia e, na realidade, eu tive de esconder o que estava fazendo, pois os outros professores poderiam desaprovar. Os alunos e eu acabamos passando horas extras e fins de semana desvendando os computadores e como colocá-los em rede. Eu nunca tinha ouvido a palavra "rede" no contexto de informática. Fui uma entre os primeiros professores na Califórnia a usar computadores em sala de aula, e possivelmente a nossa foi a primeira escola no país a usar computadores em aulas de jornalismo.

Logo passei a propagar a ideia de colaboração, respeito e confiança em sala de aula. Afinal, fomentar uma cultura de colaboração, respeito e confiança é fundamental para o êxito de uma aula híbrida. A primeira atitude a ser tomada por um professor no início do ano letivo é *determinar a cultura*. A princípio, isso pode parecer perda de tempo, mas na realidade é extremamente importante. Parte de tal cultura é entender que o professor não é o único especialista na sala; na verdade, os alunos podem dominar melhor que o professor alguns aspectos do que estão fazendo juntos.

Computadores, tablets e outros dispositivos eletrônicos por si sós não irão mudar as aulas. É a mudança cultural que fará a diferença.

Para ajudar todos a se lembrarem do que é preciso para criar uma cultura que funcione, inventei a sigla "TRICK"[5], em que cada letra representa uma parte importante da cultura.

- Confiança
- Respeito
- Independência
- Colaboração
- Gentileza

---

5   "TRICK" é o acrônimo das palavras: *tr*ust [confiança], *r*espect [respeito], *i*ndependence [independência], *c*ollaboration [colaboração] e *k*indness [gentileza]. *Trick* também significa "truque", "segredo". (N.E.)

Confiança

A primeira coisa que deve ser estabelecida em sala de aula é uma cultura de confiança. Isso não significa dar liberdade total para os estudantes saírem de controle e fazerem o que quiserem; significa os estudantes confiarem uns nos outros para se ajudarem no processo de aprendizagem e o professor confiar nos alunos. Os limites devem ser estabelecidos no início do semestre. Há diversos exercícios que o professor pode usar para desenvolver a confiança, como o jogo do campo minado ou guia de cego[6].

Como está no comando, o professor deve tomar a iniciativa. Os professores precisam se colocar em situações que incitem os alunos a serem dignos de confiança. Oportunidades surgem diariamente. Por exemplo, fazer os alunos trabalharem em equipes e serem responsáveis com a equipe fomenta a confiança. Criar um blog ou um site em grupo é uma maneira natural para os estudantes criarem confiança na equipe e, se o professor confiar na equipe, isso forma uma comunidade de confiança na sala de aula.

No entanto, a chave para criar confiança é *confiar realmente nos estudantes*. Embora isso possa parecer contraintuitivo para muitos professores, é de fato a única maneira de desenvolver efetivamente a confiança. Por exemplo, em meu curso avançado de jornalismo no ensino médio, cada estudante tem um dever individual, de forma que dois alunos não estejam fazendo a mesma coisa. Algumas matérias

---

[6] Nessas dinâmicas, uma pessoa fica com os olhos vendados, enquanto é orientada por outra pessoa, que vai dizendo por onde é possível andar, evitando obstáculos. (N.E.)

que peço sobre questões na escola, no distrito ou na cidade são particularmente sensíveis. Isso requer um ato de fé de minha parte no sentido de que os alunos conseguirão as informações corretamente para escrever a matéria de forma objetiva. Nós publicamos os resultados on-line – geralmente atraindo milhares de visualizações – e em exemplares impressos para 3 mil residentes na cidade. Os alunos me dizem que minha confiança neles para escrever as matérias é importante para a formação de sua autoestima.

Os estudantes também montam um jornal ou revista. O jornal conta com a participação de setenta alunos, que trabalham em equipes. Seis editores-chefes comandam a turma, dando a esses jovens uma experiência crucial de liderança e senso de controle sobre a publicação. As aulas relativas à revista têm 35 alunos e um conselho editorial com três integrantes. Cada estudante de uma turma tem um título relacionado às suas responsabilidades, seja editor de notícias, editor do editorial, editor de sessão ou repórter.

Além de fazer os alunos produzirem publicações reais, a segunda sugestão é permitir que eles conduzam a aula regularmente. Por exemplo, o professor designa um dia da semana no qual os alunos assumem a aula por cerca de uma hora. Fazer os alunos ensinarem uns aos outros regularmente em grupos pequenos também cria senso de confiança na classe.

Eu estimulo os alunos a me ajudarem com o lado tecnológico do curso. Uso o Google Docs para criar documentos e o software Adobe[7] para publicá-los. Vários produtos

---

7   O software Adobe permite a conversão de documentos de diversos tipos, como os do Word, Excel, PowerPoint, para o formato PDF.

são lançados diariamente e muitos deles podem ser úteis para mim, mas tenho pouco tempo para investigar como funcionam. Por isso, peço a meus alunos para ficarem de olho em novos softwares que possam ser úteis para o curso, falem sobre eles comigo e, se parecer apropriado, que aprendam a usá-los. Depois eles partilham o que sabem com o restante da turma.

A terceira sugestão para fomentar a confiança é dar seu e-mail e o número de telefone aos alunos, e dizer que o procurem quando tiverem problemas, porém só até certa hora da noite. O fato de dar essas informações estimula uma cultura de confiança e carinho. Todos os estudantes também compartilham entre si seus e-mails, números de telefones e endereços.

A quarta sugestão é que o professor sempre ria dos próprios erros. Todos nós cometemos erros, e ensinar aos alunos que erros são parte da vida é uma lição importante que os ajuda a se aceitarem. Eu faço isso todo dia na aula, pois é comum que algo não saia como planejado. Professores dispostos a mostrar que não são perfeitos, que não sabem tudo e que riem de si mesmos têm mais facilidade para atrair confiança.

Talvez ainda mais importante seja colocar os estudantes em situações que os obriguem a pensar por si mesmos. Eles podem errar e ter dificuldades, mas a chave é apoiar seus esforços, ao mesmo tempo deixando que resolvam os problemas sozinhos. Isso cria confiança em si, na turma como um todo e na relação professor-aluno.

Respeito

Os professores precisam ter um respeito sincero por seus alunos, especialmente no mundo atual, uma vez que os membros de uma classe podem ter origens e experiências muito diferentes. Mas cada um tem dons singulares, mesmo que também tenha problemas singulares. Como professora, eu sei o quanto pode ser difícil respeitar estudantes que criam problemas na sala de aula, mas cabe ao professor demonstrar respeito. Dá bastante trabalho fazer um estudante se sentir melhor a respeito de si mesmo.

Respeito é parte da confiança. Eu confio na garotada e a respeito, e, por sua vez, ela confia em mim e me respeita. Alguém tem de iniciar o processo, o que não cabe aos alunos, e sim ao professor que está no comando.

Tratar os estudantes com respeito não significa deixar as expectativas de lado. Na realidade, é justamente o contrário.

Os professores precisam respeitá-los como indivíduos e esperar que atinjam um nível alto. Minhas *expectativas* são altas e estimulo meus alunos a atingirem esses padrões dando-lhes a oportunidade de revisar seu trabalho regularmente. Eu uso o modelo do sistema de domínio (o que significa que os estudantes exercitam uma habilidade até dominá-la) e só dou uma nota quando o aluno finalmente domina o conteúdo. Uma empresa inovadora de internet chamada MasteryConnect.com tem um software que apoia essa pedagogia. Notas podem ser muito decepcionantes para os alunos, mas, se os professores devolvem uma tarefa com sugestões para melhorar ou corrigir os erros, e os alunos entendem que aquilo é parte do processo de aprendizagem, eles continuarão empolgados para aprender.

O famoso psicólogo Albert Bandura fala sobre o poder da autoeficácia e como a autoimagem de um estudante determina como ele se sente em relação a si mesmo. Bandura define autoeficácia como a crença na própria capacidade de ter êxito em situações específicas e diz que isso influencia muito a maneira com que as pessoas (especialmente estudantes) lidam com metas, tarefas e desafios. Segundo a sua teoria, pessoas com autoeficácia alta – ou seja, que acreditam que podem ter um bom desempenho – têm maior probabilidade de encarar tarefas difíceis como algo a ser dominado, não como algo a ser evitado.

David Kelley, da Universidade Stanford, tem uma filosofia semelhante que ele denomina "confiança criativa". Kelley diz que a chave para ser criativo e realizador é "acreditar na própria capacidade de gerar mudança no mundo ao seu redor. É a convicção de que você pode realizar aquilo a que se propõe". Achamos que essa autoconfiança, essa crença na própria capacidade criativa está no cerne da inovação. Assim como um músculo, a confiança criativa pode ser fortalecida e cultivada por meio de esforço e experiência.

Carol Dweck, psicóloga social da Universidade Stanford, fala sobre o poder da "atitude mental". Ou seja, se as pessoas acham que sua inteligência é flexível e pode aumentar, elas alcançarão suas metas, mas se acharem que ela é fixa e não há nada a fazer para mudar isso, elas tenderão a ter medo de tentar. Pessoas com uma atitude mental de crescimento entendem que seus talentos e capacidades podem ser desenvolvidos com esforço, bons ensinamentos e persistência. Elas acham que se perseverarem (conceito de aprendizagem de domínio) terão êxito.

Isso não é novidade, mas é mais fácil falar do que fazer. Os estudantes se esforçarão para atender às expectativas de seus professores e pais. Ao respeitar os estudantes e ter expectativas em relação a eles, os professores irão empoderá-los. Os alunos precisam ter a oportunidade de praticar habilidades (aprendizagem do domínio) até ficarem craques, ou seja, fragmentos de aprendizagem finalmente se tornam uma habilidade importante e criam autoconfiança. Segundo minha experiência, eles atingirão níveis muito além do que é esperado se você lhes der a oportunidade. Acreditar neles os ajuda a acreditarem em si mesmos.

Independência

Todos nós gostamos de independência, que é a base de nosso país. Para a maioria das crianças isso começa aos dois anos de idade, quando elas querem fazer tudo sozinhas, o que deixa os pais muito apreensivos. Na escola primária, os alunos também querem ser independentes, mas à medida que progridem no sistema tornam-se mais dependentes do professor. Na época da escola secundária – se foram ensinados segundo o velho modelo –, eles esperam orientação sobre o que fazer. No entanto, é no ensino secundário que a ânsia dos estudantes por independência deveria estar no auge. Para estimular essa ânsia, os professores podem deixar os estudantes criarem seus próprios projetos, porém conforme diretrizes definidas. Se a tarefa for uma redação, por exemplo, eles podem escolher qualquer tema, como a resenha de um restaurante, com cada aluno analisando seu restaurante favorito.

Colaboração

Colaboração é uma parte importante da cultura na aprendizagem híbrida. Os estudantes adoram trabalhar com seus pares, especialmente se for em um projeto que eles mesmos escolheram. Na verdade, a principal atração da escola para a maioria dos estudantes é estar com seus pares. Portanto, haverá mais aprendizagem se os professores transformarem esse ambiente em um espaço de trabalho colaborativo amistoso no qual os estudantes se sintam à vontade.

Esse tipo de aprendizagem é importante por várias razões: 1) atualmente, como a maioria dos ambientes de trabalho requer colaboração, os estudantes precisam praticar essas habilidades na escola; 2) os estudantes aprendem mais quando são responsáveis pelo trabalho de outros colegas; 3) a colaboração aumenta o interesse do estudante em aprender, especialmente se for em um projeto coletivo, como um jornal, revista, vídeo ou site.

Gentileza

A gentileza é autoevidente. Se sentem que o professor é gentil, os estudantes querem aprender. Lembro-me de muitos casos em que fui gentil com estudantes que haviam cometido erros. E isso certamente valeu a pena, pois eles ficavam tão gratos que até se descontraíam e se sentiam aceitos. Ser gentil não só na escola, mas na vida em geral, faz diferença. O líder religioso norte-americano William J. H. Boetcker (1873-1962) já dizia: "Sua grandeza é mensurada por sua gentileza; sua educação e intelecto, por sua modéstia; sua ignorância é exposta por suas suspeitas e preconceitos, e seu verdadeiro calibre é mensurado por sua consideração e tolerância com os outros".

ALÉM DA LEITURA, ESCRITA E MATEMÁTICA

Enquanto leitura, escrita e matemática fazem parte do currículo há quase dois séculos, a aprendizagem híbrida só surgiu no início do século XXI com o advento da tecnologia em sala de aula. A aprendizagem híbrida incorpora as três habilidades, porém com apoio on-line. A leitura é de histórias e artigos pesquisados em sites; a escrita usa programas colaborativos como o Google Docs; e a matemática é apoiada por organizações como a Khan Academy.

Como vimos no capítulo "A revolação da aprendizagem on-line", a aprendizagem híbrida incorpora tanto a entrega de conteúdo on-line, na qual o aluno trabalha em seu próprio ritmo, quanto a interação na classe com o professor e outros estudantes. Eles fazem grande parte de seu trabalho no computador em casa, mas ainda frequentam uma escola comum na qual têm as usuais atividades presenciais mescladas com outras mediadas pelo computador.

Há muitos defensores da aprendizagem híbrida, que é facilitada pelo Google Apps for Education[8], um grande movimento em rápido crescimento, com mais de 20 milhões

---

8 No Brasil, há o G Suite for Education, do Google, com ferramentas para as escolas: https://edu.google.com. (N.E.)

de usuários pelo mundo. Uma das maiores vantagens do Google Apps é a característica colaborativa, que permite que o usuário trabalhe junto com outras pessoas em documentos, planilhas e apresentações por meio de um computador conectado à internet em qualquer lugar.

No início do século XIX, leitura, escrita e matemática eram consideradas os pilares da educação ocidental moderna baseada em habilidades. De várias maneiras, essa abordagem ainda permeia o currículo e a avaliação em pleno século XXI. Considere quaisquer provas em escala, como o PISA (Programa Internacional de Avaliação de Alunos). O que cada uma examina? Em geral, elas mensuram leitura, escrita e matemática. Não quero menosprezar a importância dessas habilidades, pois até hoje elas são cruciais para o êxito acadêmico e a carreira profissional. No entanto, as atenções agora estão se voltando para as "habilidades do século XXI", um termo em voga no meio educacional nos últimos tempos. O que são essas habilidades do século XXI e no que diferem da abordagem que dominou grande parte da educação nos últimos duzentos anos?

Mais recentemente, pesquisadores e formuladores de políticas mudaram seu foco para habilidades, além do conhecimento específico de certas áreas consideradas importantes para o êxito no século XXI. Tais habilidades são não cognitivas, podendo ser descritas mais como características individuais do que como conjuntos de habilidades específicas; elas não são facilmente mensuradas ou quantificadas por testes tradicionais. Tais características envolvem atitudes pessoais e habilidades sociais, não sendo necessariamente ligadas ao desempenho em uma área específica, como a leitura. Em um relatório de fevereiro de 2013 do Departamento de Educação dos Estados Unidos, um conjunto fundamental de habilidades não cognitivas – *força de vontade, determinação e perseverança* – foi identificado como crucial para o êxito no século XXI. Neste capítulo, veremos algumas descobertas de pesquisas que corroboram essas afirmações e discutiremos as implicações dessas habilidades do século XXI para quem ensina e aprende em sala de aula.

Quais são as habilidades do século XXI?

Como o século XXI se caracteriza por tecnologias que mudam rapidamente, os estudantes precisam desenvolver outras habilidades além das básicas, como leitura, escrita e matemática, a fim de se tornarem os inovadores do amanhã. A Partnership for 21st Century Skills[9] desenvolveu uma estrutura para ensino e aprendizagem que funde habilidades fundamentais (leitura, escrita e matemática) com outras que promovem o pensamento inovador. São elas:

1. Pensamento crítico
2. Comunicação
3. Colaboração
4. Criatividade

A diferença-chave é que, enquanto leitura, escrita e matemática se referem a tipos específicos de habilidade

---

[9] A Partnership for 21st Century Skills é uma organização não governamental fundada em 2002 por membros do Departamento de Educação dos Estados Unidos e de empresas como Apple e Microsoft. Para saber mais: www.p21.org. (N.E.)

ou conhecimento, pensamento crítico, comunicação, colaboração e criatividade perpassam áreas e são aplicáveis a ambientes acadêmicos e não acadêmicos. Além disso, comunicação e colaboração requerem que os indivíduos interajam bem entre si, que somados ao pensamento crítico e à criatividade, requerem esforço e análise minuciosa por parte do estudante, além da memorização automática ou procedimentos habituais.

Enquanto examinamos uma estrutura de ensino atual, discutiremos a importância de fatores socioemocionais na aprendizagem e como nós, professores, podemos estimular e cultivar uma fusão entre as habilidades tradicionais e aquelas requeridas no século XXI.

Fatores não cognitivos para o êxito em longo prazo

Esta é uma lição que você deveria considerar:
tente, tente, tente novamente.
Se a princípio você não conseguir,
tente, tente, tente novamente.

Thomas Palmer, *Teachers' manual*, 1840

Como se sabe, educadores no século XIX tinham alguns fundamentos sólidos em seus métodos de ensino que resistiram ao teste do tempo.

Entre a abordagem da leitura, escrita e matemática e o conselho sábio de "tente, tente, tente novamente", nossos antecessores nos deram uma base sólida para projetar nosso "*moonshot*" do século XXI na educação. Embora o adágio para continuar tentando após fracassos iniciais esteja entranhado em nossa mente por ouvi-lo desde a infância, o que isso significa de fato em termos de aprendizagem? Mais especificamente, como ele se aplica a uma sala de aula?

Angela Duckworth, professora de psicologia da Universidade da Pensilvânia e ex-professora de matemática no ensino secundário, focou sua pesquisa em dois traços de caráter que são positivamente correlacionados ao êxito na vida: determinação e autocontrole. Determinação é definida como interesse e esforço contínuos por metas em longo prazo, e autocontrole envolve a regulação voluntária de comportamento, emoção e atenção diante de distrações ou tentações. Ambas as características requerem perseverança perante desafios (a exemplo de "tente, tente, tente novamente"), o que se aplica não só durante os anos escolares, mas por toda a vida.

Está comprovado que determinação é um traço que ajuda as pessoas a perseguirem metas desafiadoras ao longo de anos e até décadas. Como professora, Duckworth notou que o esforço era mais estreitamente ligado ao êxito em matemática no ensino secundário do que o mero talento ou a pontuação de QI. Sua pesquisa mais recente replicou suas observações em sala de aula por meio de múltiplas mensurações de êxito. Por exemplo, foi descoberto que a determinação prevê, entre muitas outras coisas, os índices de graduação em escolas públicas de ensino médio em Chicago e os índices de retenção e desempenho de professores novatos, assim como de membros das Forças Especiais do Exército dos Estados Unidos.

Formuladores de políticas começaram a se dar conta da importância da determinação no aprendizado. A Common Core State Standards Initiative inclui uma mensuração de persistência em problemas difíceis. O estado de Illinois, por exemplo, acrescenta o ensino das competências sociais e emocionais em seus testes padronizados. Embora a integração de mensurações em prol da determinação e do autocontrole em currículos ainda esteja em fase inicial, discutiremos posteriormente neste capítulo maneiras para incorporar e auxiliar essas mensurações em sala de aula.

O estudo do autocontrole e da força de vontade não é novidade. Em 1972, o psicólogo de Stanford Walt Mischel realizou um experimento clássico que ficou conhecido como o "estudo marshmallow". Foi dito a 32 crianças, de quatro a seis anos, que elas poderiam ganhar uma guloseima (um marshmallow) imediatamente, ou duas guloseimas se estivessem dispostas a esperar a volta do aplicador do teste após cerca de 15 minutos. Os participantes originais no estudo foram acompanhados ao longo de sua vida. As crianças que conseguiram adiar a gratificação por mais tempo ("retardadores"), aguardando recompensas, tiveram resultados melhores na vida, incluindo pontuação mais alta em testes e ganhos educacionais. Foi também descoberto que a gratificação adiada era relacionada a indicadores físicos de saúde, como índice mais baixo de massa corporal. Houve ainda diferenças cerebrais entre as crianças que não esperaram pela recompensa e aquelas que aguardaram. Certas áreas no cérebro – o córtex pré-frontal e o corpo estriado ventral – eram mais ativas nos "retardadores" do que nos demais. Essas regiões do cérebro também são importantes em estudos sobre controle de impulsos e comportamentos aditivos.

Por enquanto, apontamos descobertas de pesquisas que sugerem que superar desafios, conseguir controlar os impulsos e adiar a gratificação levam a mais êxito geral na vida, incluindo mensurações de desempenho acadêmico como classificações na graduação e pontuações em provas. No entanto, talvez você ache tudo isso um tanto vago e abstrato. Afinal, como o incentivo à "determinação" e "autocontrole" pode ser incorporado às práticas de ensino?

Dificuldades desejáveis na aprendizagem

Além dos estudos citados que mostraram associações positivas entre determinação e força de vontade, por um lado, e realizações na vida, por outro, pesquisadores também acharam evidência direta (o oposto de uma correlação) de que superar obstáculos no processo de aprendizagem pode levar a uma retenção melhor em longo prazo do conteúdo aprendido. O psicólogo cognitivo e especialista em memória Robert Bjork, da Universidade da Califórnia em Los Angeles (UCLA), faz pesquisas há mais de vinte anos sobre o que ele chama de "dificuldades desejáveis" na aprendizagem.

Uma das mais consubstanciadas dificuldades desejáveis é a ideia de que planejar intervalos de tempo entre sessões de aprendizagem, em vez de concentrá-las, leva a uma retenção melhor em longo prazo. Agora, pare para refletir: em sua época de estudante, alguma vez você esperou até o último minuto para estudar para uma prova e teve de passar a noite inteira acordado? Se você respondeu "não", isso é impressionante! Um estudo após o outro mostra que haver intervalos entre sessões de aprendizagem aumenta a probabilidade de processar profundamente as informações e lembrar-se delas melhor e por mais tempo. Se você ficou estudando a noite toda na véspera de uma prova, talvez consiga uma nota decente (ou até excelente) na prova, mas você reteve grande parte do que estudou após alguns anos (ou até um mês ou uma semana depois)? Segundo estudos científicos, a resposta mais provável é não.

Sei bem o que você pode estar pensando. Considerando ou não a ciência, seria um desafio convencer seus alunos a pararem de postergar os estudos até a última hora, mas realmente vale a pena. Afinal de contas, adquirir bons hábitos de estudo desde o início é útil no decorrer da vida escolar. Felizmente, há também várias outras dificuldades desejáveis que você pode introduzir a seus alunos, as quais são apontadas por fortes evidências empíricas e úteis para a aprendizagem e retenção em longo prazo.

Embora provas sejam usadas principalmente para avaliações do aprendizado, numerosos estudos mostram que o ato de acessar informações na memória (por exemplo, durante uma prova) aumenta a retenção em longo prazo do material aprendido. Assim, uma prova é outra oportunidade benéfica para aprender. Segundo muitas investigações empíricas, algo a ver com recorrer de propósito a informações ajuda a fortalecê-las na memória – um fenômeno conhecido como *efeito do teste* (ROEDIGER & KARPICKE, 2006). A ideia é que recorrer à memória funciona como um tipo ativo de prática no qual o aluno volta a se familiarizar com as informações, o que as reforça. Para incorporar esse tipo de recuperação ativa em suas lições, programe questionários ao longo de um módulo em vez de dar uma avaliação resumida no fim. Dessa forma, os estudantes podem revisitar o conteúdo dado ao longo das aulas sem ter de digerir excesso de informações em uma sessão de estudo na última hora antes da prova final.

A revisão constante do material também pode ajudá-los a entender como diferentes conceitos e lições se relacionam entre si, favorecendo não só a retenção do conteúdo, como também a capacidade de aplicá-lo a outros contextos. Sabemos que mais testes podem ser um tanto detestáveis – os estudantes ficam ansiosos antes das provas, que não são vistas como "divertidas". É aqui que sua perícia como professor e a experiência com seus alunos entram em jogo. Quais são algumas maneiras interessantes de avaliar o conhecimento de seus alunos ao longo de um bimestre ou semestre sem criar tensão? Temos certeza de que sua habilidade e experiência irão gerar ótimos resultados. Como bônus, você terá lampejos rápidos do entendimento de seus alunos ao longo do ano, em vez de apenas no final. Esses questionários rápidos podem servir como avaliações formativas e nortear seu planejamento de aula ao destacar tópicos que precisam de revisão. Você também pode conseguir detectar dificuldades específicas que um aluno está tendo e passar a personalizar a experiência dele, para se assegurar de que cada aluno tenha feedback relevante e reforços no decorrer do currículo.

Outra maneira de potencializar o efeito de testes regulares envolve o formato. Os habituais testes de múltipla escolha são fáceis de avaliar, mas pesquisas mostram que simplesmente ler um texto não ativa os processos de memória tão profundamente quanto gerar informação de modo independente (MCDANIEL, WADILL & EINSTEIN, 1988). Tais descobertas sugerem que provas envolvendo preencher os espaços em branco, dar respostas curtas ou um ensaio podem ativar mais a memória dos alunos do que a múltipla escolha. Outra forma de apoiar o que os pesquisadores chamam de "efeito da geração" é fazer os estudantes conduzirem as discussões após a leitura de um texto e colaborarem com seus pares para revisar o material. Esses tipos de avaliação e atividade são mais desafiadores do que a prova usual de múltipla escolha, e seus alunos irão se beneficiar por se envolver mais vigorosamente com o conteúdo do curso e poderão até encontrar alguma inspiração pessoal por manifestar as próprias ideias e partilhá-las com os outros.

A simples mudança de rotina também pode fomentar a aprendizagem. Misture a organização de materiais; foi descoberto que variar a ordem, apresentação ou até o local de aprendizagem representa uma dificuldade desejável (SMITH, GLENBERG & BJORK, 1978). Entre os incontáveis estudos sobre aprendizagem e memória, uma mensagem se destaca: não é apenas o conteúdo ou *o que* você está aprendendo que importa, mas também os detalhes de *quando* e *como* as coisas são apresentadas. Variar esses aspectos pode ser um agente sutil, porém efetivo, de mudança em sala de aula.

Embora para a cultura vigente nos Estados Unidos a "dificuldade intelectual" como apoio à aprendizagem possa parecer contraintuitiva, pesquisadores descobriram que culturas orientais, como as do Japão e de Taiwan, consideram a dificuldade uma parte integral do processo de aprendizagem. O psicólogo Jim Stigler certa vez realizou um estudo com alunos do 1º ano no qual eles recebiam um problema insolúvel de matemática. Em geral, os estudantes norte-americanos trabalharam no problema por menos de trinta segundos e desistiram, dizendo aos pesquisadores que ainda não haviam aprendido aquele conteúdo. Por outro lado, alunos do 1º ano no Japão trabalharam durante a hora inteira da sessão de teste, até receber a instrução de parar. Por meio de sua pesquisa sobre diferenças multiculturais em sala de aula, Stigler descobriu que a atitude em relação à dificuldade é diferentemente concebida por culturas ocidentais e orientais. No Ocidente, diz ele, a dificuldade é um indicador de baixa capacidade. Os norte-americanos tendem a considerar que a inteligência é inata e fixa. No Oriente, porém, a dificuldade é considerada uma oportunidade para aprender. A persistência em meio à dificuldade é usada para mensurar a "força emocional" ou, como prefere Angela Duckworth, "determinação". Na seção a seguir, trataremos de pesquisas sobre fatores sociais e emocionais na aprendizagem e como eles são cruciais para o desenvolvimento de habilidades do século XXI.

Fatores socioemocionais na aprendizagem

No início deste capítulo mencionamos o fato de que formuladores de políticas estão começando a considerar as influências de fatores "não cognitivos" sobre o êxito acadêmico e incluindo essas ideias em suas sugestões para a reforma na educação. Em certas escolas, a aprendizagem socioemocional tem sido aplicada como uma estratégia para que os estudantes adquiram as habilidades emocionais e psicológicas que afetarão de modo crucial suas realizações dentro e fora da sala de aula. Elas consideram a aprendizagem socioemocional crucial para o êxito acadêmico e se empenham para apoiar a regulação das emoções de seus jovens estudantes, um componente-chave da chamada "inteligência psicológica" (KAHN, 2013).

Na escola Garfield, alunos da classe de alfabetização sentam-se em círculo e discutem conflitos que têm com os pais em casa e como reagir nessas situações. Por meio de dramatização e com a ajuda de seus pares, um menino de cinco anos aprende a se expressar dizendo "Mami, eu não gosto quando você grita comigo". Psicólogos que estudam emoções descobriram que a atenção e a memória podem ser muito afetadas por emoções como a ansiedade. Um número crescente de pesquisadores e profissionais está batalhando para que a regulação das emoções seja ensinada em escolas. Organizações como a Fundação Educacional George Lucas passaram a década anterior pressionando para a aprendizagem socioemocional se tornar algo comum em escolas. Uma entidade sem fins lucrativos sediada em Chicago, avalia programas de alfabetização emocional segundo evidências baseadas em pesquisa e aprovou dezenas deles como "baseados em evidências". Calcula-se que atualmente há dezenas de milhares de programas de alfabetização emocional implantados por todo o país. Dados anteriores de fato sugerem resultados acadêmicos, sociais, emocionais e comportamentais positivos atrelados a programas de aprendizagem socioemocional bem-elaborados e instaurados (SOCIETY, 2012), embora pesquisadores alertem contra conclusões amplas, já que tais programas não são consistentemente adotados e há poucas referências sobre o que constitui a integração efetiva da aprendizagem socioemocional em práticas em sala de aula.

No entanto, pesquisadores estão otimistas quanto à adição e à integração profunda da aprendizagem social e emocional nas interações diárias entre professores e alunos, acreditando que poderão beneficiar muito a vida das crianças. Foi descoberto que fortes habilidades não cognitivas desenvolvidas durante a infância preveem resultados profissionais positivos, casamentos duradouros e mais saúde física e mental. Como as crianças passam grande parte do tempo na escola, ela é um contexto significativo para seu desenvolvimento socioemocional. O professor Maurice Elias da Universidade Rutgers, diretor do Laboratório de Aprendizagem Socioemocional nessa instituição, proclama entusiasticamente que a alfabetização emocional pode ser o "elo perdido" no sistema educacional norte-americano. Outros pesquisadores demonstram um otimismo mais cauteloso sobre a integração da aprendizagem socioemocional em escolas. A implantação e o dimensionamento de programas em escala na educação são muito difíceis, e o êxito, difícil de mensurar.

 O que se sabe por ora é que traços como autocontrole e empatia ao longo da vida são estreitamente ligados ao ambiente na primeira infância. Além das pesquisas robustas que ligam essas características ao êxito na vida, professores da fase escolar de alfabetização relatam uma relação direta entre a regulação de emoções e o êxito acadêmico em seus alunos (GRAZIANO et al., 2007). Um fato interessante é que foi a regulação de emoções, juntamente com a qualidade da relação professor-aluno, que previu resultados acadêmicos em um estudo, mesmo após variações nas pontuações de QI serem levadas em conta. Isso sugere que conseguir controlar as emoções e se relacionar bem com os outros pode ter forte influência sobre o desempenho acadêmico de uma criança, possivelmente até mais do que obter boas pontuações em mensurações tradicionais de inteligência ou de habilidades como leitura, escrita e matemática.

Tais descobertas são particularmente impressionantes no contexto do foco na aprendizagem das habilidades do século XXI. As capacidades de manter a calma sob pressão e se relacionar bem com os outros são cruciais para a comunicação e a colaboração produtivas. Além disso, a criatividade implica se arriscar, superar obstáculos e adiar a gratificação. E, para raciocinar criticamente, é preciso passar pelos processos de análise e solução de problemas, os quais podem ser desafiadores e imprevisíveis. Criar empatia e habilidades fortes de comunicação desde a primeira infância será importante para os estudantes quando começarem a encarar os desafios do mundo adulto e do mundo do trabalho.

Atenção, por favor!

Após focarmos bastante as habilidades não cognitivas, especialmente determinação, autocontrole e perseverança, que comprovadamente contribuem para resultados positivos na vida, seria um descuido não discutirmos as habilidades cognitivas mais estreitamente ligadas a essas qualidades e também amplamente pesquisadas há muitos anos. Para Angela Duckworth, a definição de autocontrole inclui a capacidade de regular a atenção diante de muitas distrações. Agora iremos discutir o processo cognitivo da atenção e como ele pode ser ensinado como uma habilidade.

Neste mundo em ritmo acelerado, no qual um jorro infinito de informações flui nas telas de nossos computadores, tablets e smartphones, muitas vezes em fragmentos minúsculos, manter a atenção em um só foco é desafiador até para profissionais adultos que nem sempre pensam em blocos de 140 caracteres. Em um artigo recente, Barry Schwartz, professor de psicologia no Swarthmore College, Pensilvânia, escreve que a cada ano seus alunos parecem ter períodos mais curtos de atenção. Conformar-se com esses períodos menores de atenção é prestar um desserviço aos jovens, afirma Schwartz, pois manter a atenção é uma capacidade que deve ser ensinada e reforçada, inclusive em uma cultura na qual a brevidade é considerada um atributo altamente atrativo da mídia digital on-line, tão presente em nossas vidas.

Schwartz acredita que aceitar períodos curtos de atenção é uma profecia autorrealizadora, e simplesmente oferecer materiais baseados na premissa de que as pessoas não conseguem manter a atenção é deixar de ajudá-las a exercitar essa habilidade crucial. Ele faz uma analogia com fisiculturismo: assim como ninguém aumenta o bíceps erguendo pesos de noventa gramas, ninguém flexiona seu músculo da atenção lendo tuítes de 140 caracteres. É aqui que os aspectos cognitivos da atenção se entrelaçam com as habilidades não cognitivas de determinação e perseverança: se um estudante não consegue manter a atenção em uma só tarefa, será virtualmente impossível perseverar em tarefas mais difíceis até alcançar o êxito. Então, como podemos ensinar os estudantes a manter a atenção em sala de aula?

Uma técnica introduzida em algumas escolas tem gerado grande êxito nos índices de graduação e frequência. Alunos do 1º ano são ensinados a manter o foco por meio da seguinte técnica: sente-se com as costas retas; olhe e ouça o orador; faça perguntas; meneie a cabeça; siga o orador. Pesquisadores também descobriram que fazer as crianças especificarem metas e planos para atingi-las melhora a atenção.

Foi também comprovado que atenção e autocontrole se relacionam à "função executiva", que é um conjunto de processos cognitivos. Às vezes chamada de "controle cognitivo", a função executiva é a regulação e o controle de processos, incluindo a memória, o raciocínio, o planejamento e a solução de problemas. Ela é relacionada ao córtex pré-frontal, uma região do cérebro que só amadurece totalmente no final da adolescência ou na vida adulta. A função executiva é mensurada pela capacidade de alternar tarefas com fluidez e pela capacidade de focar em um só fluxo de informações quando há múltiplos fluxos. Pesquisadores descobriram uma relação direta entre função executiva alta e realização acadêmica (BEST, MILLER & NAGLIERI, 2011). Quando a função executiva é mensurada por meio de um teste padronizado de inteligência, há evidência de uma forte correlação entre função executiva e desempenho em matemática e leitura, com padrões semelhantes em diversos grupos etários. Isso sugere que a função executiva é uma habilidade geral relacionada ao desempenho acadêmico como um todo.

Como estimular essas habilidades em casa e na sala de aula

Este capítulo cobriu vários tópicos raramente discutidos na formação de professores, seja em um auditório de palestras em universidades ou em um ambiente formal de desenvolvimento profissional. Por isso, achamos de extrema importância discutir esses conceitos com você. Mesmo que já conheça alguns deles, ou todos eles, acreditamos que deve haver mais conversas sobre como estimular o desenvolvimento de habilidades como determinação, autocontrole e função executiva em salas de aula. Isso pode ser especialmente importante para regiões com estudantes provenientes de lares de baixa renda, um fator comumente relacionado a desempenho acadêmico mais baixo. Um aspecto que contribui para a diferença de renda pode ter raiz nos ambientes sociais e emocionais iniciais das crianças. Há muitas evidências empíricas de que crianças de famílias de baixa renda têm menos interação verbal com os pais do que crianças de famílias com renda mais alta. Um estudo recente na Universidade Stanford descobriu que essa diferença é significativa em crianças a partir dos oito meses de idade, e aquelas de famílias abastadas conseguem identificar palavras com muito mais rapidez do que seus pares de lares de baixa renda. Aos dois anos de idade, crianças de famílias mais ricas aprendem 30% a mais de palavras (FERNALD, 2012). As implicações são extensas, até mesmo em idades nas quais as crianças podem não conseguir participar plenamente de conversas.

Ao mesmo tempo que mais estímulos de linguagem vindos dos pais se correlacionam fortemente com marcos de desenvolvimento cognitivo na aquisição de linguagem e conceitos, os efeitos emocionais da falta de interação social com os cuidadores também pode ter grande impacto ao longo da vida da criança. Pesquisadores de aprendizagem socioemocional citam muitos estudos mostrando que um número excessivo de crianças pequenas está entrando na escola sem as habilidades sociais e comportamentais necessárias para ter êxito (GILLIAM & SHAHAR, 2006; RAVER & KNITZER, 2006).

Indubitavelmente, ainda há muito a se fazer até determinar a melhor linha de ação para efetuar mudanças significativas em ambientes de aprendizado na primeira infância, mas há alguns exemplos encorajadores por seus resultados positivos. Dana Suskind, cirurgiã pediátrica especializada em implantes cocleares que atua na Universidade de Chicago, observou que seus pacientes de famílias de baixa renda demoravam mais do que seus pares mais ricos para aprender a falar após a cirurgia. Citando um estudo marcante (HART & RISLEY, 1995) indicando que, aos três anos de idade, crianças de famílias pobres escutavam 30 milhões de palavras a menos de seus pais do que crianças de famílias de renda mais alta, com impactos diretos sobre as mensurações de QI e resultados acadêmicos, a doutora Suskind e seus colegas iniciaram um projeto no qual mães de baixa renda aprendem um currículo de "conversa parental" desenvolvido por esses profissionais (HART & RISLEY, 2003). Ela também está conduzindo muitos estudos sobre o impacto da qualidade e quantidade da interação oral dos cuidadores com crianças pequenas. Um relatório publicado recentemente indica que até crianças abastadas podem se beneficiar com interação e fala mais bem-dirigidas. Essas descobertas indicam que o desenvolvimento social, emocional e cognitivo estão fortemente entrelaçados.

Embora certas pesquisas ainda estejam no início, pode-se concluir que o foco em habilidades específicas como leitura, escrita e matemática precisa de uma retificação para levar em conta as evidências atuais que ilustram claramente a importância das habilidades do século XXI – pensamento crítico, comunicação, colaboração e criatividade – e da aprendizagem socioemocional. Deve haver continuidade nas pesquisas sobre as melhores práticas para integrar o aprendizado socioemocional em nossos currículos. Nesse ínterim, discutiremos ferramentas e estratégias comprovadamente efetivas para inspirar e envolver os estudantes.

O papel da tecnologia na aprendizagem socioemocional e na sala de aula

Ao conversar com muitos professores sobre o uso da tecnologia em suas escolas, descobrimos que uma palavra era recorrente: "envolvimento". Provavelmente você já viu uma criança pequena navegar por uma tela de toque com grande desenvoltura e prazer, ou um estudante do ensino médio responder a uma pergunta que nem foi finalizada porque a pesquisou na internet. A tecnologia capta a atenção e a imaginação dos estudantes e oferece ferramentas úteis para intensificar suas experiências de aprendizagem. Que tipos de ferramentas podemos usar para envolver os estudantes e fomentar o desenvolvimento de suas habilidades cognitivas e não cognitivas?

No próximo capítulo deste livro você encontrará vários exemplos de implementação bem-sucedida de aprendizagem híbrida baseados em projetos de escolas dos Estados Unidos e mundo afora. Vamos discutir ferramentas tecnológicas e metodologias usadas por professores que dão suporte para os estudantes aprenderem habilidades acadêmicas (como matemática) e habilidades sociais (como criatividade e colaboração). Enquanto lê sobre o que gerou resultados positivos em outros cenários, reflita sobre os êxitos e desafios que você tem em sua sala de aula e sobre quais ferramentas e dicas são mais úteis no seu caso. Reiteramos novamente que essas historietas e sugestões não devem ser consideradas como guias "passo a passo". Estimulamos fortemente a experimentação – você saberá o que está funcionando ou não em sua sala de aula e alguns resultados demandam certo tempo para aparecer. Quando se trata de "*moonshots* na educação", determinação, tenacidade e perseverança são características importantes não só para os estudantes, uma vez que nós, professores, também nos beneficiamos com essas habilidades cruciais. E como Thomas Palmer disse há tanto tempo, se você não tiver êxito na primeira vez...

Pesquisa na era da tecnologia

Esta é a era da tecnologia, afinal, todos têm um smartphone no bolso e um tablet ou computador por perto. O telefone é um conceito do século XX, pois só permitia fazer ou receber ligações. Hoje em dia, porém, com o smartphone é possível escutar música, tirar fotos, descobrir como chegar a algum lugar, achar um restaurante para o jantar e, mais importante, BUSCAR informações. Portanto, a habilidade fundamental que um professor pode transmitir a um aluno no século XXI é como buscar inteligentemente na internet e achar rapidamente a informação desejada. Muitas pessoas nem sequer sabem das possibilidades para achar informações se a busca for feita com inteligência, e isso me remete a Dan Russell, o grande guru da busca no Google. Dan é um cientista e pesquisador incumbido da "Felicidade do Usuário" no Google, um termo bem-apropriado, já que, se alguém acha o que procura, fica feliz. Ele é um orador notável e tem um site excelente com recursos para professores que queiram ensinar seus alunos sobre busca.

Tive a sorte de Dan concordar em escrever o texto que você vai ler a seguir sobre pesquisa na internet, a fim de ajudá-los a serem melhores investigadores.

HABILIDADES DE PESQUISA ON-LINE
por Daniel M. Russell

Quem sabe usar recursos de informática sempre leva vantagem em relação aos demais. Estudantes que sabiam usar bem uma biblioteca sempre faziam pesquisas melhores do que os que não dominavam essa habilidade.

Essa diferença, porém, está se tornando um vasto abismo. Estudantes que sabem usar recursos on-line efetivamente superam em larga escala os demais. Trata-se de uma mudança qualitativa em relação aos tempos das bibliotecas com obras em papel, quando fazer pesquisa praticamente se limitava àquilo que se alcançava e tocava com as mãos. Agora, os estudantes podem pesquisar informações espalhadas por todo o planeta, que vão muito além de textos apenas em documentos.

Eis aqui meu exemplo favorito dessa mudança. Na década de 1990, eu costumava ensinar algoritmos para meus alunos de doutorado em ciência da computação, para ajudá-los a entender os detalhes da inteligência artificial. Se conseguir escrever um programa que faça uma tarefa melhor do que os humanos, você está no caminho certo para entender o funcionamento desse algoritmo e, no processo, aprender algo mais sobre a natureza da inteligência. Fiz isso durante anos – passando o dever em uma semana e esperando ele ser feito no prazo de quatro semanas após abordarmos o conteúdo, discutirmos como as coisas funcionavam e eu deixá-los escrever o código. No início da década de 2000, notei que meus alunos subitamente estavam com seus deveres prontos semanas antes do prazo. *Semanas antes do previsto?* Isso parecia incrível demais, então indaguei aqui e acolá e descobri que eles estavam usando o Google para formular o código, achando outra pessoa que já o havia escrito, modificando-o um pouco e depois chegando à sua solução.

Isso aconteceu há alguns anos, mas foi um prenúncio do que está acontecendo agora. Nunca foi uma boa filosofia educacional meramente atulhar o estudante com fatos e depois pedir que ele escolhesse o correto em meio a diversas opções, mas agora, com os motores de busca e a imensidão de conteúdos on-line disponíveis em milissegundos, a abordagem anterior parece péssima. Estudantes que são bons pesquisadores podem achar informações sobre um tópico mais rapidamente do que você consegue induzi-los a isso.

Isso vale tanto para o ensino fundamental quanto para o ensino universitário. Todos nós conhecemos alunos do 6º ano que conseguem (com uma busca rápida no celular) dizer em menos de dez segundos o nome de todos os signatários da Constituição. Subitamente, o significado de saber algo mudou profundamente. Há uma diferença entre saber e saber como. Há uma diferença entre saber que algo existe, conseguir achá-lo rapidamente com uma boa pesquisa e depois reunir múltiplas fontes de informação em uma análise coerente.

O fato é que a *lacuna nas habilidades de pesquisa* está aumentando. Estudantes, professores e até funcionários que conseguem fazer pesquisas rápidas e acuradas sobre um tópico têm uma vantagem palpável para realizar coisas e aprofundar seu entendimento. E há também um inesperado efeito secundário: quem desenvolveu e aprimorou suas habilidades de pesquisa pode aumentá-las ao longo do tempo, aprofundando ainda mais a lacuna em relação a seus pares que não dominaram essa nuance autodidata. Ter habilidades de pesquisa não é algo opcional em sua educação – é essencial. Especialmente quando você sabe pesquisar para atualizar suas habilidades de pesquisa.

É imperativo perceber que há uma mudança fundamental em curso no que significa aprender. Nós sabemos que memorizar o nome dos presidentes em ordem cronológica realmente não é uma habilidade útil para a maioria dos estudantes. Após o ensino médio, é raro alguém lhe perguntar se Getúlio Vargas foi presidente antes ou depois de Juscelino Kubitschek. É ainda mais improvável que alguém lhe pergunte a quais partidos eles pertenciam. Mas um estudante de hoje só precisa de cinco segundos para achar a lista de presidentes. (Eu cronometrei meus alunos fazendo isso; levou cerca de cinco segundos, dependendo apenas da velocidade de digitação.)

Mas se não souber os nomes dos presidentes, se nunca os estudou como um grupo em uma sequência, possivelmente com suas filiações partidárias, a pessoa não reconhecerá o nome de Juscelino Kubitschek como um presidente, talvez apenas como o nome de uma rua ou avenida.

A própria natureza do que significa *saber* está mudando nosso entendimento do ensino e do que é importante transmitir aos nossos alunos. Os estudantes ainda precisam saber sobre presidentes, suas políticas e seu papel na história da nação. Por exemplo, Getúlio Vargas ficou conhecido como "Pai do Povo" por causa da criação de leis trabalhistas. No entanto, na década de 1930, ele colaborou com os nazistas. Os estudantes ainda precisam saber esse tipo de coisa, e talvez aprender a sequência das eleições presidenciais seja uma boa maneira de introduzir essas ideias. Mas é igualmente importante que eles saibam descobrir mais sobre um tópico. Eles precisam dispor das ideias-chave e reconhecer os presidentes, suas políticas e partidos, mas responder à maioria das perguntas que surgirão requer habilidades de pesquisa.

Perguntas motivadoras

Nós descobrimos que o melhor para ensinar habilidades de pesquisa é fazer perguntas genuinamente interessantes. Elas não precisam ser mirabolantes, basta que sejam instigantes para os estudantes. Embora cada grupo de alunos tenha particularidades, algumas diretrizes para formular perguntas podem incitá-los a desenvolver suas habilidades. Veja a seguir algumas estratégias para formular boas perguntas:

1. ... *não eram só trabalhosas, mas levaram a uma percepção inesperada sobre o mundo.* Perguntas excelentes para o ensino de pesquisa são aquelas que de fato interessam aos estudantes e geram surpresa. Por exemplo, a pergunta "há insetos vivíparos em seu quintal?" provavelmente obriga o estudante a procurar a definição da palavra "vivíparo" e depois passar um tempo pesquisando os insetos locais para descobrir se alguns são vivíparos. Como insetos normalmente botam ovos, é uma surpresa vir a saber que alguns são de fato vivíparos (ou seja, que gestam e parem filhos). Por sua vez, perguntas "trabalhosas" claramente fazem a pessoa exercitar uma habilidade de maneira trivial (como exemplos, "ache as definições de vinte palavras que você não conhece" ou "qual é o centésimo dígito na expansão decimal de pi?").

2. ... *aborde algo que seja do interesse dos estudantes*. Quase todos os lugares têm insetos, parte dos quais se alimenta de sangue humano. Esse é um tópico de interesse direto para a maioria das pessoas. Outros tópicos de interesse local são esportes, eventos e locais históricos por perto.

3. ... *ensine uma habilidade específica de pesquisa*. Há muitas habilidades de pesquisa para aprender. (Uma lista curta inclui como achar e acessar conteúdos de arquivos, como procurar recursos fidedignos, quando parar de buscar, quando pedir ajuda a um amigo, como descobrir os termos específicos que ajudam a identificar certa ideia e como reconhecer e procurar citações específicas.) Sabemos formular perguntas para provas que avaliam certos fragmentos de conhecimento, mas a arte de formular perguntas que levem os estudantes a pesquisar e exercitar essas habilidades, e que também sejam inerentemente interessantes e esclarecedoras, é outra habilidade a ser desenvolvida pelos professores.

Como escrever perguntas para o A Google a Day[10]

O site A Google a Day publica várias perguntas diariamente propiciando que os estudantes pratiquem essas habilidades de pesquisa. Cada pergunta é um projeto de minipesquisa que requer algum tempo para ser finalizado. Formulá-las para os estudantes ilustra a arte de criar perguntas que ensinem habilidades de pesquisa.

Usarei como exemplo a pergunta "Qual é o gentílico para os habitantes da capital da Argentina?". Essa pergunta suscitou "Como as pessoas de Buenos Aires se autodenominam?". Ao examinar isso, percebi que a resposta – "portenhos" – era um tanto surpreendente. Esse é um critério ("descoberta inesperada"), mas era simples demais fazer essa pergunta. Eu a tornei um pouco mais interessante ao acrescentar o termo incomum "gentílico" (que significa "o nome do residente de uma localidade", como "são-franciscano" no caso da cidade de São Francisco) e adicionar outra subpergunta, "... habitantes da capital da Argentina?". Isso torna a pergunta instigante e também ensina uma habilidade específica de pesquisa.

Para responder a essa pergunta de pesquisa, o estudante tem de passar por um processo com várias etapas. Primeiro, procurar "gentílico", depois qual é a "capital da Argentina", então descobrir como os cidadãos de Buenos Aires se autodenominam. O toque de surpresa provém da observação que eles não se autodenominam "buenos-airenses" ou algo semelhante.

---

10 O site www.agoogleaday.com possui versão apenas em inglês. (N.E.)

Perguntas de pesquisa mais sofisticadas podem ter várias partes ou requerer agrupar informações de diferentes recursos em uma só resposta unificada. Conforme mostrado anteriormente, pesquisadores mais avançados podem achar informações em múltiplas fontes e depois criar uma pequena análise mostrando por que uma resposta é melhor (ou mais crível) do que outra.

Naturalmente, os detalhes variam conforme a sala de aula. Os estudantes diferem muito de um ano para o outro e de um lugar para o outro. Por experiência própria, os professores sabem o que desperta a imaginação. Boas perguntas de pesquisa tocam nesse conhecimento e motivam os estudantes a explorar profundamente.

Pragmatismo

Um passo-chave para formular perguntas de pesquisa é você mesmo ir atrás das respostas antes de passá-las como dever. Você ficará surpreso com a frequência com que uma abordagem bem mais simples (ou pelo menos uma diferente daquela que você está tentando ensinar) leva a uma solução rápida. E, mais importante, isso checa se a lição que você pretende ensinar será a lição de fato ensinada.

Embora seja importante criar uma boa pergunta de pesquisa, escrever textos de apoio para uma pergunta desse tipo muitas vezes é fundamental para despertar o interesse e a motivação dos alunos. Com frequência, eles não têm expectativas genuínas sobre o assunto, então é difícil achar algo que seja *surpreendente*. Portanto, o material de apoio fornece algum contexto e entendimento do que é importante a respeito daquela questão. O truque nesse caso é escrever uma historinha instigante, sem necessariamente explicar tudo em demasia. Assim como em relação a escrever a pergunta inicial de pesquisa, uma parte essencial dos materiais de apoio é comunicar algo surpreendente, considerando a procedência dos alunos.

Por exemplo, uma pergunta sobre línguas dos povos indígenas norte-americanos usadas como "conversa em código" se encaixaria facilmente em muitos currículos como uma maneira de falar sobre história moderna (o uso de mensagens em código na Segunda Guerra Mundial), língua (como os verbos são conjugados em navajo) e por aí vai. Materiais de apoio para a pergunta de pesquisa devem dar sugestões que levem a mais pesquisas, assim como fornecer o contexto. Nesse exemplo, os materiais complementares podem conter perguntas sobre quais outras línguas dos povos indígenas norte-americanos, além da dos navajos, foram usadas para comunicações em código, ou como as potências do Eixo tentaram decodificar as línguas que ouviam no rádio, ou por que as línguas dos povos indígenas norte-americanos diferem tanto daquelas indo-europeias e por que isso dificultava tanto a decodificação.

Às vezes, perguntas aparentemente óbvias podem gerar alguns resultados surpreendentes. Mais de um estudante descobriu em um tópico uma novidade bem diferente de sua incumbência original. Quando os estudantes têm acesso a todos os recursos dos motores de busca, a desambiguação (ou seja, distinguir John Smith de outro homônimo) é uma habilidade importante. Essa é outra razão para verificar a pergunta de pesquisa testando-a você mesmo. Isso é uma grande mudança em relação aos tempos em que recursos de informação eram relativamente estáticos e imutáveis. Agora, outra pessoa chamada John Smith pode se tornar dominante (digamos, devido a uma notícia recente) e sobrepujar os resultados de busca por "John Smith de Jamestown", que era o John Smith pretendido.

Desse modo, perguntas de pesquisa precisam ser escritas alertando os estudantes sobre as possíveis interpretações disponíveis. Em vez de "De que membro da realeza John Smith recebeu o título de cavaleiro?", uma pergunta menos ambígua poder ser "Qual membro da realeza outorgou o título de cavaleiro a John Smith (1580-1631)?".

Mudanças na avaliação

Para o A Google a Day, a resposta ideal é aquela que pode ser checada rapidamente por um programa curto. Diferentemente de uma pergunta de múltipla escolha, estas são curtas, em aberto e não requerem tentativas. Como as respostas são abertas, isso significa que os estudantes geralmente não conseguem reconhecer a resposta correta oculta em meio a várias opções, ou apenas percorrem o texto e localizam a resposta no meio dele. Em vez disso, eles têm de realmente pesquisar a pergunta, ler e entender pelo menos parte do conteúdo que encontram, e responder com um raciocínio curto e claro. No exemplo anterior do gentílico, a menos que já saiba qual é a resposta, não basta apenas folhear um livro sobre Buenos Aires e procurar uma resposta que "pareça certa". É preciso saber o significado do termo "gentílico", depois ler sobre como a população local se autodenomina. É preciso localizar o texto apropriado e lê-lo com atenção. Se várias opções são dadas como uma pergunta de múltipla escolha, provavelmente o estudante irá imaginar a resposta só pela grafia, já que "portenho" soa como uma palavra da Argentina.

Para tarefas de pesquisa mais sofisticadas, como aquelas dadas em sala de aula, idealmente a resposta é extraída de múltiplas fontes. Portanto, perguntas interessantes de pesquisa exigem um pouco mais dos professores na hora de avaliar as respostas. Para uma pergunta como "Quais línguas dos povos indígenas norte-americanos eram usadas para comunicação em código durante a Segunda Guerra Mundial?", os professores precisam não só ler atentamente as respostas, mas também estar preparados para aprender algo novo. É bem possível que, apesar do cuidado na preparação antecipada da pergunta, haja algo diferente, algo mais a ser descoberto. E os estudantes podem descobrir isso depois. À medida que os recursos de informação aumentam e evoluem, os professores precisam entender que novas descobertas serão feitas, algumas das quais mudarão as respostas para perguntas de pesquisa.

Avaliar o relato escrito que foi extraído de novas informações representa um desafio novo e interessante para o professor. É bem possível que um aluno do ensino médio descubra, durante sua pesquisa, alguma novidade que foi recentemente adicionada aos recursos disponíveis na internet. Como grandes instituições continuam acrescentando materiais novos para pesquisa, esse conteúdo de alta qualidade de fontes fidedignas pode muito bem mudar a maneira pela qual os estudantes escrevem seus relatos. Exemplos recentes incluem a disponibilização de todos os cadernos escritos à mão de Isaac Newton pela Universidade de Cambridge, a liberação de relatórios com novos dados sobre os padrões de imigração pelo Censo dos Estados Unidos e a inserção de milhares de imagens novas na coleção on-line aberta a pesquisas do Museu Nacional do Índio Americano.

Várias normas do Common Core exigem essas habilidades. As normas de "inglês e artes da linguagem" destacam as habilidades de pesquisa de achar e usar fontes básicas. Leva vantagem o estudante que encontrar rapidamente recursos primários sobre tópicos de línguas dos povos indígenas norte-americanos usadas para comunicação em código ou localizar artigos em jornais antigos quanto à postura de Millard Fillmore relativa à abolição. Boas habilidades de pesquisa são exatamente o que um estudante precisa para conseguir "determinar as ideias ou informações centrais de uma fonte primária ou secundária; fazer um resumo acurado da fonte, distinto de conhecimento ou opiniões anteriores". Habilidades eficientes de pesquisa demandam tempo adicional gasto em leitura, análise e entendimento.

O que isso significa para a aprendizagem?

É claro que as habilidades de pesquisa são amplas e variadas, abrangendo aspectos de avaliação da credibilidade, formulação de perguntas, questões bem-elaboradas e síntese de informações provenientes de múltiplas fontes. É também evidente que as habilidades de pesquisa não estão sendo ensinadas de modo organizado e centralizado. Embora algumas escolas tenham cursos de alfabetização em mídia, relativamente poucas ensinam a utilizar programas de pesquisa.

Assim como leitura, escrita e matemática são habilidades fundamentais, habilidades mais amplas de pesquisa precisam ser parte de nossos planos para lições sobre história da arte, história mundial, matemática e acontecimentos da atualidade.

Escrever as próprias perguntas de pesquisa e lê-las por meio das respostas dos estudantes está rapidamente se tornando uma parte fascinante do ensino. O cânone deixou de ser o que era em um livro didático tradicional. A cultura adentrou o domínio do conhecimento disponível para todos em tempo real. Assim como nós, os estudantes precisam saber acessar esses recursos.

EXEMPLOS REAIS DE MOONSHOTS NA EDUCAÇÃO

Educadores sabem que não há duas salas de aula, professores ou estudantes iguais. O que funciona melhor para você e seus alunos nem sempre é ideal para o professor em outra sala na mesma escola, tampouco em outro município, estado ou país. Por isso, este capítulo descreve uma ampla variedade de métodos interessantes que funcionaram bem em diversos contextos escolares. Em vez de considerar quaisquer desses exemplos um esquema estrito para sua sala de aula, nós o desafiamos a pensar fora da caixa: como algumas das melhores práticas segundo suas experiências passadas podem ser aplicadas de novas maneiras? Talvez você ache inspiração em um ou mais dos seguintes perfis de escolas que adotaram abordagens inovadoras para o ensino e a aprendizagem. Nós o convidamos a pensar sobre como alguns desses cenários podem funcionar em sua sala de aula.

Enquanto lê este capítulo, tenha em mente as restrições específicas de sua escola ou município. Nós sabemos que professores nem sempre têm muita flexibilidade ou escolha quando se trata de hardware ou software. Alguns trabalham em escolas sem infraestrutura para um bom acesso à internet, e outros não têm dispositivos suficientes para utilizar programas desejáveis. Queremos enfatizar que não acreditamos que o pensamento *moonshot* dependa de ter o software mais recente ou os dispositivos mais caros. Acreditamos em maximizar o que você tem e estamos confiantes de que, com um pouco de criatividade e engenhosidade, seu *moonshot* está de fato muito mais próximo do que você imagina, mesmo que seu município não seja especialmente high-tech ou abastado.

Uma visão mais detalhada da aprendizagem híbrida

No capítulo "A revolução da aprendizagem on-line", citamos a definição de aprendizagem híbrida dada por Michael Horn. Em 2011, o Instituto Innosight publicou gratuitamente o livro *The rise of k-12 blended learning*[11]. Essa obra excelente mostra quarenta escolas e distritos norte-americanos que estão usando tal abordagem. Nos três anos seguintes à sua publicação, a aprendizagem híbrida cresceu tremendamente, mas ainda está longe de ser universal.

---

11 Em tradução livre, "*O aumento do ensino híbrido da pré-escola ao ensino médio*". A expressão "K-12" significa da pré-escola [*kindergarten*] até o fim do ensino médio [*high school*]. O sistema educacional norte-americano é organizado nos seguintes segmentos: *preschool*, que se divide em *pre-kindergaten* (4-5 anos) e *kindergarten* (5-6 anos); *elementary school* (1º a 5º ano, 6-11 anos); *middle school/ junior high school* (6º ao 8º ano, 11-14 anos); *high school* (9º ao 12º ano, 14-18 anos). (N.E.)

A definição de aprendizagem híbrida é um programa educacional formal no qual "o estudante aprende pelo menos em parte em um local físico supervisionado longe de casa e pelo menos em parte por meio da entrega on-line, tendo certo controle sobre tempo, lugar, caminho e/ou ritmo. Além disso, as modalidades ao longo do caminho de aprendizagem de cada estudante em um curso ou matéria são conectadas para propiciar uma experiência integrada de aprendizagem.

Há quatro modelos de aprendizado híbrido apontados pelo Instituto Christensen:

1. Modelo de rotação
2. Modelo flex
3. Modelo *à la carte*
4. Modelo virtual enriquecido

Modelo de rotação

Há quatro modelos distintos de rotação nos quais os estudantes alternam entre aula expositiva, trabalho em grupo, tarefa de casa e aprendizagem on-line em um cronograma fixo ou a critério do professor. A proporção de aprendizagem on-line e de aprendizado em classe pode mudar nos quatro modelos conforme o professor ache apropriado.

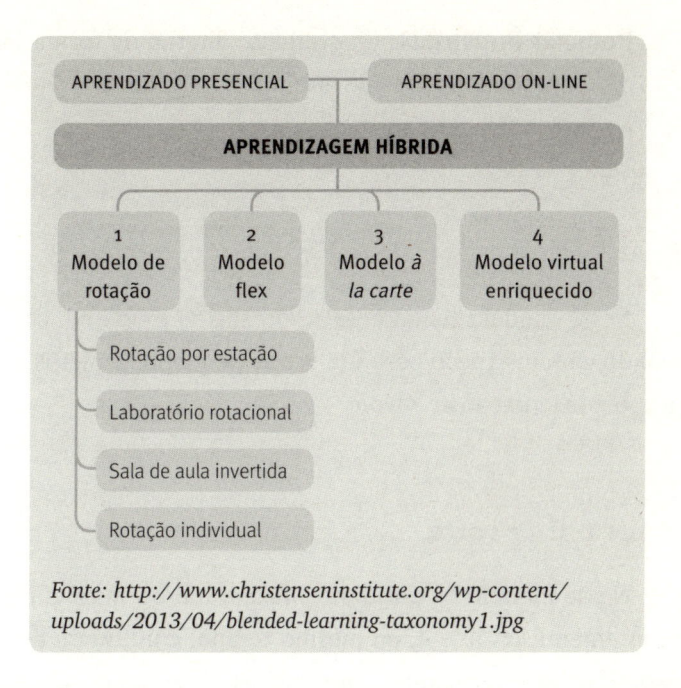

```
                APRENDIZADO PRESENCIAL         APRENDIZADO ON-LINE
                              APRENDIZAGEM HÍBRIDA

            1                  2              3                4
         Modelo de           Modelo         Modelo à       Modelo virtual
          rotação             flex          la carte        enriquecido

           Rotação por estação

           Laboratório rotacional

           Sala de aula invertida

           Rotação individual
```

Fonte: http://www.christenseninstitute.org/wp-content/
uploads/2013/04/blended-learning-taxonomy1.jpg

1. **Rotação por estação:** O estudante alterna entre aula expositiva, trabalho em grupo, projeto e aprendizagem on-line na sala de aula.

2. **Laboratório rotacional:** O estudante alterna entre a sala de aula e um laboratório de informática ou outros locais da escola.

3. **Sala de aula invertida:** O professor grava vídeos de si mesmo usando QuickTime ou Camtasia, para que os estudantes assistam às aulas expositivas em casa. Eles então vão à escola preparados para fazer os exercícios ou trabalho prático que antes constituíam a tarefa de casa. Isso é denominado "sala de aula invertida" porque o trabalho em sala de aula e a tarefa de casa trocaram de lugar.

4. **Rotação individual:** O estudante alterna de forma individual modalidades de aprendizagem, uma das quais é a aprendizagem on-line.

Modelo flex

Nesse modelo a maior parte do ensino é on-line, combinado com instrução para um grupo pequeno, projetos em grupo e orientação ao vivo.

Modelo à la carte

Nesse modelo os estudantes fazem um ou mais cursos inteiramente on-line e, ao mesmo tempo, continuam a ter experiências educacionais presenciais. Esse é um modelo curso a curso. Os estudantes podem fazer os cursos on-line tanto no prédio da escola como fora dele.

Modelo virtual enriquecido

Essa é uma *experiência escolar integral,* na qual os estudantes dividem o tempo entre a frequência a um espaço físico e a aprendizagem remota usando a entrega on-line de conteúdo e instrução. Muitos programas virtuais enriquecidos começam como escolas on-line de período integral e depois desenvolvem programas mistos para que os estudantes tenham experiências escolares presenciais. O modelo virtual enriquecido difere daquele da sala de aula invertida porque, em programas desse tipo, os estudantes geralmente não frequentam o campus físico durante os dias da semana. E ele difere do modelo *à la carte* porque é uma experiência escolar integral, não um modelo curso a curso.

Uma ideia equivocada bem comum é que a aprendizagem híbrida pode ser simplesmente igualada à aprendizagem on-line ou viabilizada por tecnologia. A aprendizagem híbrida tipicamente inclui alguma instrução on-line, mas um componente mais importante e até essencial de uma experiência mista é que o estudante pode controlar seu ritmo, o que permite a personalização de conteúdo e timing do currículo conforme as necessidades do indivíduo, sem um limite de tempo estrito. Idealmente, um estudante sente que tem poder para rever certo conceito pelo tempo que quiser até sentir que o dominou. Outro componente da aprendizagem híbrida é a instrução em sala de aula do tipo mais tradicional, a cargo de um professor em um local físico fora da casa do estudante. As aprendizagens on-line e off-line são integradas para criar um ambiente que promova o aprendizado baseado no domínio e enfatize a posse do estudante sobre as próprias experiências educacionais.

Mesmo que você ainda não conhecesse o termo "aprendizagem híbrida", talvez essa descrição soe familiar por já ter ouvido falar em programas semelhantes descritos como ensino híbrido, aprendizagem mais profunda, aprendizagem baseada em projetos ou até aprendizagem do século XXI. Salientamos que a aprendizagem híbrida não tem um padrão estrito, mas é centrada no empoderamento dos estudantes para se apossarem da própria aprendizagem e no desenvolvimento do pensamento crítico, da comunicação, da colaboração e da criatividade para a aprendizagem no século XXI.

Exemplos reais de sala de aula

Sala de aula invertida: escolas do distrito de Los Altos

Conforme mencionado anteriormente, na sala de aula invertida, a tarefa de casa e o trabalho em sala de aula são invertidos. Em vez de um tópico ser introduzido por meio da aula expositiva do professor em sala de aula, os estudantes aprendem o básico de um conceito como tarefa de casa. Por exemplo, em uma aula de matemática invertida, a tarefa de casa pode incluir um vídeo da Khan Academy[12] explicando passo a passo como dividir frações, que os estudantes veem em casa. No dia seguinte na escola, pode haver exercícios interativos ou projetos sobre frações, todos personalizados de acordo com as necessidades de aprendizagem de cada estudante. Algumas atividades podem incluir o uso de software de matemática adaptativo em um laboratório de informática ou jogos didáticos no tablet.

Escolas do distrito de Los Altos, Califórnia, adotaram o modelo de sala de aula invertida, em uma parceria com

---

12 Khan Academy é uma organização não governamental criada pelo indiano Salman Amin Khan, que disponibiliza gratuitamente vídeos na internet com aulas de matemática, ciências, engenharia, economia, finanças e computação. No Brasil, a tradução dos vídeos é realizada pela Fundação Lemann. (N.E.)

a Khan Academy desde 2010. Durante esse tempo, as escolas usam vídeos e software da Khan em uma iniciativa de aprendizagem híbrida em matemática, que abrange do 5º ao 8º ano. A "troca" nas aulas de matemática vai além de simplesmente ver conteúdo de vídeo em casa e fazer os exercícios de matemática correspondentes na escola. O software da Khan Academy permite que os professores vejam se os estudantes estão respondendo corretamente ou incorretamente às questões e também fornece um painel de dados que variam do tempo gasto pelos estudantes em certo exercício aos conceitos exatos que os estudantes revisam em seus vídeos.

Os professores no distrito de Los Altos usam essas informações para oferecer o apoio mais apropriado e oportuno possível a cada estudante. Conhecendo os desafios específicos de cada estudante, é possível maximizar o tempo em sala de aula dando instrução personalizada, complementando a aprendizagem com mais atividades interativas ao vivo ou permitindo que os estudantes trabalhem colaborativamente em projetos em grupo. A Khan Academy também se beneficiou muito com a parceria com Los Altos. Dados sobre a utilização de seus materiais em sala de aula ajudam seus desenvolvedores a determinar as características que dão o melhor apoio a estudantes e professores. Por exemplo, informações dos estudantes indicam os tipos de exercícios e feedback que levam aos maiores ganhos de aprendizagem e ajudam a moldar o painel analítico que oferece diversas percepções de alta qualidade para professores.

> **FERRAMENTAS *MOONSHOT***
> **Como inverter sua sala de aula**
>
> Interessado em instalar uma "troca" em sua sala de aula? Se você, como muitos professores, está acostumado a passar a maior parte do tempo fazendo aula expositiva diante de seus alunos, talvez seja hora de experimentar aplicar o conteúdo das aulas como tarefa de casa. Se livros didáticos são sua fonte usual de conteúdo, considere complementá-los com outros meios ou peça a seus alunos para acharem ou criarem conteúdos próprios inspirados em seus interesses. ■

Você pode ficar bastante surpreso com o quanto eles se mostram criativos! Em capítulos posteriores deste livro, daremos sugestões mais específicas baseadas no nível de ensino e nas matérias, esperando que disso brotem algumas ideias para maximizar o tempo em sua sala de aula, a fim de extrair tanto seu lado inovador quanto o de cada um de seus alunos.

O Los Altos mostra que a aprendizagem híbrida pode ser personalizada para alunos e professores, conforme o uso que você faz dela e o que funciona melhor para você e seus alunos. Embora a princípio seja intimidante introduzir um sistema novo, você poderá constatar, assim como os professores de Los Altos e outros distritos, que agora é capaz de dar orientações mais acuradas para cada estudante e colaborar melhor dentro da sala de aula. Tenha em mente que você pode alterar um pouco no decorrer do tempo os métodos utilizados e que talvez os resultados de suas mudanças não sejam evidentes de imediato. Nosso conselho é: seja paciente e use bem seu discernimento para conseguir avaliar se seus alunos estão reagindo positivamente.

Modelos de rotação: escolas de Gilroy e Comienza

Sua escola tem laboratórios de informática, laptops ou acesso a tablets? Em caso afirmativo, um modelo de rotação de aprendizagem híbrida pode gerar resultados positivos para seus alunos. Em uma *rotação de laboratório*, os estudantes alternam entre um laboratório de informática, onde focam em aprendizagem on-line individualizada, e uma sala de aula (e/ ou outros lugares), onde fazem atividades off-line que podem incluir projetos em grupo, atividades práticas ou instrução mais tradicional a cargo do professor. A exemplo da sala de aula invertida, um modelo de rotação é altamente customizável, e atividades no laboratório e na sala de aula podem ser sob medida para cada estudante, a critério do professor. Em uma implementação bem-sucedida do modelo de rotação, os estudantes de uma escola em Gilroy, Califórnia, usam o tempo no laboratório para exercitar habilidades em matemática e leitura, com avaliações on-line para manter os professores a par do progresso de cada aluno. Em apenas três anos, a escola impulsionou uma combinação de tecnologia, métodos de ensino inovadores e intervenções para eliminar a disparidade no desempenho, atingindo 97% de proficiência em matemática no 3º ano, sendo que a média estadual é 66%.

Durante a carga diária de oito horas na escola, os estudantes passam cerca de cem minutos utilizando computadores. O tempo na classe visa promover o domínio e envolve atividades bem animadas como canções e cantilenas, para que as crianças se conectem e entendam melhor os conceitos.

Com computadores com telas de toque e iPads disponíveis, o progresso dos estudantes é minuciosamente monitorado durante o tempo de uso de um currículo digital adaptativo que provê um caminho de aprendizagem customizado e feedback acurado baseado no desempenho do aluno. Os professores também são treinados para usar um software para o ensino de matemática elaborado com base em descobertas de pesquisas sobre neurociência e domínio do processo de aprendizagem. O programa introduz conceitos de matemática por meio de aprendizagem visual baseada em jogos e melhorou pontuações padronizadas de matemática em oito estados em apenas um ou dois anos. A Gilroy Prep integrou o ST Math em seu modelo de aprendizagem híbrida não só durante o tempo no laboratório de informática, mas também enviando seus professores a um programa de desenvolvimento profissional voltado ao ST Math, monitorando cuidadosamente o progresso dos estudantes e aplicando intervenções quando necessário.

Se não houver laboratórios de informática em sua escola, não desanime – um modelo de aprendizagem híbrida com *rotação de estação* pode ser implementado em uma sala de aula comum. Isso pode envolver grupos pequenos de estudantes alternando entre estações, uma das quais com o uso de computadores ou tablets. Na escola Comienza, em Los Angeles, Chromebooks[13] e tablets são alternados entre mais de trezentos estudantes, de forma que todos tenham sua vez.

---

13 Chromebook é o notebook desenvolvido pelo Google em 2011, com o sistema operacional Chrome OS. Possui configuração mais simples e preço inferior aos tradicionais notebooks. (N.E.)

Com no máximo 15 alunos de cada vez em uma estação, os estudantes são avaliados por meio de um software adaptativo em leitura, redação, matemática e ciência. Tais tecnologias permitem rever conceitos desafiadores e capacitam os estudantes a avançar mais rapidamente pelo conteúdo que já compreendem. Conhecimentos gerados a partir desses pacotes de softwares são informados ao professor em relatórios em tempo real, permitindo que o tempo de instrução off-line para pequenos grupos seja customizado para cada estudante. Se você tem poucos computadores ou tablets disponíveis, experimentar com grupos pequenos em um modelo de rotação de estação pode proporcionar instrução mais diferenciada para seus alunos.

Modelo flex: escolas de Sunnyvale

Nas escolas de Sunnyvale, Califórnia, uma abordagem singular de aprendizagem híbrida tem tido resultados mensuráveis em um ambiente escolar no qual 67% dos estudantes aprendem inglês como segunda língua. Em um ótimo exemplo de como a aprendizagem híbrida pode abranger variados métodos de ensino e ambientes, o modelo flex se adapta a cada estudante e usa uma abordagem inovadora, semelhante àquela de uma *startup* novata de alta tecnologia no Vale do Silício. O tempo de aprendizagem on-line nas Summit inclui uma playlist com conteúdo customizado para cada estudante, que ele ou ela conclui em seu próprio ritmo, usando um Chromebook fornecido pela escola. Interações ao vivo com os professores são flexíveis e adaptadas às necessidades atuais do estudante. As escolas acreditam que a aprendizagem baseada em projetos é crucial para o êxito na faculdade e no "mundo real", e dedicam grande parte do tempo em sala de aula (cem horas por tema a cada ano letivo) a projetos de grupos pequenos. Com possibilidades que variam de apresentações em uma área específica, como experimentos de ciências, a projetos interdisciplinares cobrindo múltiplas áreas, os professores ajudam a facilitar o ritmo dos grupos de estudantes, os quais têm autonomia nos métodos e ferramentas que usam para finalizar seu trabalho.

Com a meta de formar uma cultura de inovação, as escolas utilizam a metodologia *startup* enxuta", conforme o mantra popularizado por Eric Ries: "Crie seu projeto, mensure os resultados obtidos e aprenda com o que foi bom ou ruim". A fim de determinar o melhor plano de ação para cada estudante, as Summit valorizam muito o feedback do estudante. Os alunos são estimulados a manifestar abertamente suas opiniões em todos os aspectos do processo de aprendizagem. Se e quando algo não está tendo o resultado desejado, os professores trabalham com os alunos para tentar encontrar e desenvolver um plano de ação diferente.

Essa cultura adaptativa flexível levou as Summit a desenvolverem seu modelo flex de aprendizagem híbrida. Além de facilitar projetos em grupo e a aprendizagem personalizada para seus alunos, os professores também atuam como mentores – apoiando o crescimento dos jovens dentro e fora do ambiente acadêmico. Cada professor é designado para dez a 15 estudantes, com os quais se encontra uma vez por semana para discutir suas metas pessoais de aprendizagem. Os estudantes também dedicam duas horas por semana a habilidades de compreensão de texto usando softwares que permitem que os professores insiram questionários e outras avaliações no texto para identificar rapidamente as melhores formas de apoiar as habilidades de leitura de cada estudante. Os estudantes também são estimulados a ser atuantes em suas comunidades e se encontram semanalmente em grupos para discutir questões importantes para eles. Além disso, as escolas reservam oito semanas do ano letivo para "expedições", nas quais os estudantes podem escolher fazer cursos em áreas extracurriculares de seu interesse, estágios ou "projetos apaixonantes". Tais expedições são uma oportunidade privilegiada para os alunos refletirem sobre suas metas de carreira em longo prazo, pois aplicam habilidades aprendidas na escola a situações no mundo real.

Aprendizagem baseada em projetos

Oferecida do 1º ao 9º ano e com planos de abrir para o ensino médio, a escola Acton, em Austin, Texas, se destaca por seu currículo baseado em projetos e sua missão de apoiar cada estudante em seu caminho na vida. O currículo da escola visa ajudar os estudantes a "aprender a saber", "aprender a fazer" e "aprender a ser". Na parte "aprender a saber", os estudantes dedicam noventa minutos de manhã e noventa minutos à tarde à aprendizagem baseada em computador.

Durante seu tempo de trabalho pessoal, eles podem usar um dos quatro programas on-line para complementar sua aprendizagem. Tais programas são softwares que reforçam habilidades de leitura, matemática, grafia e línguas estrangeiras. Como podem escolher o software e os jogos que apoiam suas habilidades de leitura, redação e matemática, os estudantes se sentem com poder para assumir o controle de sua aprendizagem e criar uma experiência personalizada.

Parte de "aprender a fazer" no currículo da escola permite que os estudantes participem diretamente no processo de investigação científica. Toda terça-feira os estudantes recebem um novo desafio. Por exemplo, em certa semana a tarefa era determinar que modelo de avião de papel voa mais longe. Após receberem o desafio, os estudantes dispõem de tempo para buscar soluções. Depois, há uma lição e uma discussão sobre os princípios científicos subjacentes ao desafio. Por fim, eles voltam à questão inicial com um conhecimento recém-adquirido que pode ser aplicado para resolver o problema.

Além do uso de software e projetos nessa abordagem da aprendizagem híbrida, a escola estimula o pensamento crítico e o domínio de assuntos por meio de uma combinação de pedagogia montessoriana e socrática. Além de focar no êxito acadêmico de seus alunos, a escola também se empenha para que eles formem habilidades interpessoais aplicáveis ao mundo real que os beneficiarão por muito tempo após se formarem nessa escola. Essa é a parte "aprender a ser" no currículo. No 5º ano, os estudantes participam de um programa de treinamento em liderança em que atuam como mentores de seus colegas de classe e completam uma série de desafios para facilitar sua transição para a escola secundária. Cada estudante ganha uma insígnia de "aprendiz independente" ao concluir com êxito o programa de liderança. A garotada ambiciosa de 12 e 13 anos também é convidada a se inscrever para se tornar Guias Acton, um programa de formação de aprendizes no qual os guias ajudam a desenvolver e prover experiências de aprendizagem híbrida para alunos mais jovens (de seis a dez anos). Os estudantes também se mantêm responsáveis por meio de relacionamentos de parceria. Encontrando-se regularmente em duplas, os parceiros checam o progresso e as metas um do outro, dando apoio e feedback construtivo.

> **FERRAMENTAS** *MOONSHOT*
>
> Ficou inspirado com a história da escola Acton? Há alguns aspectos nos módulos "Aprenda a Saber", "Aprenda a Fazer" e "Aprenda a Ser" que você talvez consiga implementar em sua própria sala de aula? Talvez você possa instituir desafios práticos na aula de ciências ou deixar que os estudantes escolham as ferramentas ou aplicativos para complementar melhor seu aprendizado em leitura, matemática ou redação. Mesmo que sua escola não tenha um sistema organizado para desenvolver habilidades de liderança estudantil, você pode fazer algumas mudanças simples que levem a um crescimento significativo na vida pessoal e acadêmica de seus alunos. ∎

De centrada no professor para centrada no estudante: aprendizagem híbrida no colégio Eastside

Suney Park é professora no 6º ano do colégio Eastside no leste de Palo Alto, Califórnia. Trata-se de uma escola independente que oferece ensino fundamental II e ensino médio, com a missão histórica de atender alunos sub-representados (como minorias étnicas). Noventa e oito por cento dos estudantes na Eastside vêm de famílias que nunca conseguiram entrar em uma faculdade. Suney leciona de maneira polivalente para sua turma, pois ensina todas as matérias, incluindo matemática, ciências, inglês, leitura e estudos sociais. Em 2011, Suney e um colega (professor de matemática no 7º e 8º anos) receberam a proposta de conduzir um programa-piloto da Khan Academy em suas aulas de matemática. Embora a ideia de acrescentar um componente novo e desconhecido ao currículo fosse intimidante, o diretor e o vice-diretor da escola deram um apoio formidável e até foram às reuniões iniciais com a Khan Academy. Durante o ano-piloto, Suney se encontrava semanalmente com o representante da Khan Academy para discutir a introdução do programa em suas salas de aula. O primeiro ano foi dedicado a desenvolver materiais como mapas conceituais, esquemas de unidades e avaliações. Os dois professores da Eastside partilharam e desenvolveram juntos materiais curriculares e se apoiaram muito.

Durante o primeiro semestre do programa-piloto, Suney usou a Khan Academy como complemento para seu currículo de matemática existente, utilizando-a duas vezes por semana por 45 minutos de cada vez. Segundo Suney, foi assim que ela pôde começar a tentar cautelosamente um novo modo de ensino, embora o mantivesse um tanto "à margem" para que não passasse por cima dos métodos já existentes. No semestre seguinte, ela estava pronta para dar outro passo para integrar totalmente a Khan Academy em seu currículo de matemática. Apesar de sua criatividade para planejar lições e dos esforços conjuntos para ajudar o estudante a atingir seu potencial pleno, ela sentia que algo precisava mudar a fim de apoiar o crescimento de cada um segundo suas necessidades. Ela sentia que precisava sair de sua zona de conforto e ver se a Khan Academy poderia ser um portal para diferenciar e customizar a experiência de aprendizagem de matemática de cada aluno.

Vejamos o panorama três anos depois. Os alunos do 6º ano agora usam a Khan Academy como um componente central de seu currículo de matemática. Os estudantes trabalham com vídeos e exercícios de matemática da Khan três vezes por semana, por noventa minutos a cada vez. Suney faz recomendações para cada aluno, com base no progresso individual. Eles escolhem a ordem na qual seguem essas recomendações e têm liberdade para escolher outras atividades após concluírem o que ela recomendou, ou simplesmente fazem uma pausa. Metade de seu tempo de Khan Academy é designado como estudo independente e o restante é para trabalhar com os colegas, ou individualmente com Suney, ou em um grupo pequeno para tratar de conceitos que requerem apoio adicional. O tempo de estudo independente, conforme Suney enfatiza, ajuda os estudantes a desenvolverem a autonomia e a entenderem que a dificuldade é parte do processo de aprendizagem. Ela ensina a seus alunos o conceito "sem esforço não há vitória", pois acredita que essa é uma parte crucial do processo de aprendizagem.

Os alunos de Suney apreciam muito estar no controle do próprio aprendizado e sentem-se com poder ao se ajudar mutuamente. Além de melhorar academicamente – há menos estudantes indo mal nas provas agora do que antes do programa-piloto da Khan Academy –, eles também desenvolveram habilidades como empatia, paciência e comunicação. Em um levantamento sobre suas experiências usando a Khan Academy, os estudantes relataram crescimento na autoestima, autoimagem, autoconhecimento e atenção plena. Apesar de sua apreensão inicial, Suney agora está empolgada em usar a aprendizagem híbrida em todas as matérias que ensina, de matemática a ciências, de estudos sociais a artes. E acha ótimo que os estudantes possam trabalhar dando o máximo de sua capacidade, com recursos que são adaptados conforme suas necessidades.

O maior desafio enfrentado por Suney foi abrir mão do controle total de sua sala de aula. Conforme ela descreve, sua abordagem mudou – de centrada na professora e focada no conteúdo que ela passava – para outra centrada nos estudantes – moldada para a experiência de aprendizagem de cada criança, para maximizar seu potencial. Com uma filosofia forte de formação de senso comunitário por meio da comunicação e respeito, Suney confiou que seus alunos conseguiriam aprender sozinhos e entre si. Quando indagada se tinha algum conselho para professores que sentem que o *status quo* não é favorável a seus alunos, Suney tem empatia com aqueles que ficam intimidados com a ideia de reformular totalmente seu currículo. Então, ela se lembra de um conselho que certa vez ouviu de Bill Gates em um evento da Khan Academy: o sucesso equivale à inovação. Quando para de inovar, você fica para trás e alguém toma seu lugar. "Se você for um professor interessado em mudanças, comece com pequenas coisas", aconselha ela. Dê a seus alunos algo para tentarem sozinhos e parta desse ponto. "Eles podem fazer muito mais do que você imagina", diz ela. "Não se trata apenas de você. Pense em que tipo de professor você quer ser e quem é o centro de seu ensino."

O Modelo iCAN: escola Whittemore Park, Carolina do Sul

As escolas do Condado de Horry, na Carolina do Sul, têm cerca de 39 mil estudantes. O distrito é o terceiro maior na Carolina do Sul e está investindo em uma iniciativa de aprendizagem personalizada movida a tecnologia. Esse modelo é focado em um currículo de aprendizagem híbrida e apoiado por conteúdo digital personalizado para assegurar a preparação de todos os estudantes para a universidade e a carreira profissional. Jennifer Janes é professora de língua e literatura no 6º ano, onde 83% dos estudantes contam com um programa de almoço grátis ou de preço reduzido. Ela define a aprendizagem híbrida como um modelo educacional que provê instrução verdadeiramente diferenciada. Em sua sala de aula, isso é possibilitado por uma rigorosa instrução em conjunto com tecnologia adaptativa, de maneira que cada aluno desenvolve sua própria trajetória de aprendizagem.

A escola está introduzindo um modelo rotativo de aprendizagem híbrida. Os alunos alternam entre aprendizagem dirigida pelo professor, aprendizagem adaptativa personalizada e criação de conteúdo digital durante blocos de cem minutos. Jennifer e os outros professores ensinam essas rotações e trabalham juntos para aperfeiçoar constantemente esse modelo. Segundo Jennifer, a aprendizagem híbrida não poderia ser efetivada sem o apoio da administração e de seus pares na escola. Essa escola secundária tem parceria com uma empresa especializada em sistema de gestão educacional, ao qual os estudantes e professores têm acesso. A empresa está colaborando para desenvolver o plano de instauração e treinar a equipe.

Como Suney Park, Jennifer foi tirada de sua zona de conforto quando começou a aplicar a aprendizagem híbrida em sua sala de aula. Agora, adota o modelo de aprendizagem híbrida e relata que os alunos parecem mais envolvidos. Os maiores desafios para ela foram aceitar que leva tempo para o modelo se aperfeiçoar e aprender a se adaptar aos desafios que vão surgindo. Incorporar a aprendizagem híbrida a ensinou a refletir mais sobre o ensino, e ela aconselha os professores a se abrirem a riscos e a aceitarem uma nova maneira de ensino.

Além dos termos da moda: ciência centrada no estudante na escola Thomas Russell

Joyce Tang invoca um provérbio clássico quando fala sobre aprendizagem híbrida em sua sala de aula: "Seja qual for a matéria, os novos professores devem focar no valor central de 'ensinar os estudantes a pescar' e no desenvolvimento da autoconfiança", diz ela. Ganhadora recente do prêmio STEM[14] de Professor do Ano, Joyce é professora de ciências e tecnologia na escola Thomas Russell, em Milpitas, Califórnia. No início de sua carreira, ela imaginava se haveria maneiras mais efetivas de ensinar ciências do que ter de ficar na escola todo dia até as 18 horas para preparar o laboratório para o dia seguinte. Olhando em retrospecto, ela relata que a mudança de cima para baixo da sala de aula centrada no professor para a centrada no estudante trouxe empoderamento para ela e seus alunos.

Segundo Joyce, o ensino de ciências se presta bem à aprendizagem centrada no aluno. "Por que passar horas 'falando' de ciências se os próprios alunos podem testá-las?", questiona ela. Dando o exemplo de uma lição sobre pH, Joyce compara a abordagem centrada no professor – uma ficha de trabalho para preencher e instruções em laboratório feito receitas de um livro de culinária – com outra dando poder ao aluno – na qual o professor pode colocar alguns produtos químicos desconhecidos diante da garotada e desafiá-la a criar uma receita passível de ser reproduzida para obter uma solução com um pH de 7, com uma variação possível para minimizar a quantidade de produtos químicos utilizada.

"No último exemplo", explica Joyce, "os estudantes devem demonstrar a capacidade de 1) ponderar e entender a questão; 2) saber noções básicas de pH, acidez e basicidade; 3) saber usar e ler o papel indicador do pH; e 4) saber usar

---

14 "STEM" é o acrônimo das palavras: *science* [ciência], *technology* [tecnologia], *engineering* [engenharia] e *math* [matemática]. A palavra *stem* também significa "tronco", "origem". (N.E.)

um livro didático ou recursos on-line que ajudem na realização da tarefa. O professor subitamente se torna o facilitador e não só o único instrutor, pois agora os estudantes estão se autoinstruindo! Mas a responsabilidade do professor não diminui: ele agora precisa abordar pelo menos quatro aspectos da aprendizagem em certos momentos durante a lição, pois cada estudante trabalha em um ritmo diferente. O professor também deve ser versado nas propriedades químicas das substâncias, de modo que nenhum gás venenoso ou precipitação tóxica seja produzida quimicamente durante esse experimento. Por fim, o professor deve ter uma relação ótima com os alunos, pois eles sabem respeitar a liberdade e a confiança dadas a eles para que lidem livremente com produtos químicos. Inegavelmente, a aprendizagem centrada no aluno traz exigências mais rigorosas ao professor do que se estivesse comandando uma sala de aula centrada nele".

Joyce também acha que o trabalho em grupo e a tecnologia apoiam seus esforços para estimular habilidades do século XXI como colaboração e comunicação nas aulas de ciências. No entanto, ela sente que a eficiência do trabalho em grupo aumenta quando é combinada com trabalho independente. "Os estudantes devem se munir do conhecimento necessário antes de formar o grupo, para que o tempo em grupo seja produtivo. Eu acho que a eficiência do trabalho em grupo aumenta quando os estudantes – escolhendo seu grupo ou sendo designados para algum – contam com tempo de aprendizagem independente antes da formação da equipe. A maioria dos estudantes gosta de ter um tempo de trabalho autônomo, quando pode aprender ciências por conta própria e ponderar sobre o que aprendeu", diz ela.

Joyce também nota que a introdução do Chromebooks a partir de 2012 impulsionou a descoberta de conceitos científicos, graças à internet acessível aos estudantes. "Antes da era do Chromebook, os laboratórios de informática eram para processamento de palavras e enriquecimento científico com jogos interativos e tutoriais. Com a chegada dos Chromebooks e, subitamente, conectividade veloz e mobilidade, meu terceiro olho abriu. Alguns exemplos incluíam tirar fotos de uma flor usando o Chromebook e fazer o upload direto delas na busca por imagem do Google para identificar o nome científico da espécie, utilizar o calendário do Google para ensinar estágios da gravidez humana/desenvolvimento fetal e usar a ferramenta de mapas do Google para desenhar um mapa dos fungos encontrados no campus."

Como ser uma professora inovadora é um processo contínuo, Joyce está sempre pensando "fora da caixa" e tentando coisas novas. Na primavera de 2014, ela introduziu a impressão 3D em sua sala de aula, para que os estudantes entendessem melhor a deriva continental. Usando recursos on-line grátis no computador para design e modelagem 3D, os alunos de Joyce brincaram de paleontologistas, pois usaram a tecnologia para transformar um esboço de ossos bidimensionais em modelos impressos tridimensionais. Baseados em modelos de humanos, ossos de dinossauro (listrossauro) e de outros vertebrados impressos em 3D, os estudantes os "escavaram" de uma caixa de areia, a fim de identificá-los, compará-los e reconstruir o esqueleto de um listrossauro. Refletindo sobre a experiência, Joyce nota que, embora fosse muito satisfatório ver e tocar o produto final, o que levou a uma rodada de aplausos e a algumas selfies, a impressão e a reconstrução dos ossos exigiu um nível de paciência e perseverança que nem todos os estudantes estavam dispostos a encarar. No todo, Joyce considera o experimento um passo positivo no desafio de fazer o campo das ciências mais real e relevante para seus jovens alunos.

"O que alguns consideram fracasso", diz ela, "eu vejo como oportunidade para melhorar. Fracasso na educação é quando os estudantes saem da sala mal-humorados, indispostos, entediados, sem terem sido desafiados. Outro fracasso é quando os estudantes não conseguem traduzir e aplicar o que aprenderam em sala de aula à vida real. Não há fracasso em uma lição; só há fracasso se alguém não reconhece a necessidade de melhorar". Quando indagada se teria algum conselho para novos professores, Joyce diz que "eles deveriam se lembrar de que o ensino de ótimo nível não acontece sem um professor competente e carinhoso. Os estudantes não irão se lembrar da ficha de trabalho ou da atividade naquela matéria; para eles, o memorável será sempre o profundo impacto interpessoal exercido pelo professor. Aprendizagem híbrida, salas de aula invertidas, provas padronizadas, ensino holístico são apenas termos em voga. Para ter excelência em qualquer paradigma, fortaleça a competência em sua matéria e na gestão da sala de aula".

Como o Google Apps melhorou a alfabetização e o envolvimento dos estudantes

O lema da escola Point England, em Auckland, Nova Zelândia, é "lute para vencer". Mas em um bairro no qual a maioria das famílias tem baixo status socioeconômico, embora cercada por riqueza e abundância, o caminho para o êxito envolve desafios e trabalho duro. Noventa por cento dos alunos da escola primária são de origem maori ou pasifika, um segmento demográfico muito presente no grupo com desempenho mais baixo na Nova Zelândia. Com uma iniciativa do governo para ajudar esse segmento a prosperar academicamente, nos últimos anos a escola tem focado o envolvimento dos estudantes por meio de colaboração e integração de plataformas digitais.

Em 2008, a escola começou a treinar sua equipe no uso dos aplicativos do Google for Education. Após eles integrarem os aplicativos no ensino, não demorou muito para que melhoras no envolvimento dos estudantes começassem a surgir. Por volta da mesma época, a escola começou a trabalhar com várias escolas por perto para formar um grupo focado em melhorar a alfabetização dos estudantes. Com o foco renovado em aprendizagem digital e alfabetização, a confiança dos alunos e o uso de tecnologia melhoraram. Após a escola incorporar os aplicativos do Google, as notas nas provas mostraram um progresso significativo na alfabetização em apenas três anos.

Todos os estudantes têm blogs pessoais para partilhar sua aprendizagem e mostrar seu trabalho em um portfólio estudantil on-line – há mais de 2 mil blogs, e o número cresce a cada ano. O desenvolvimento profissional é levado extremamente a sério pela escola, e isso se traduz em eventos on-line e off-line. Ela abriga um site de imersão digital para treinar novos professores na inclusão de tecnologia em aulas com Chromebooks para todos.

Segundo Dorothy Burt, líder de desenvolvimento profissional, os estudantes sentem orgulho de suas realizações acadêmicas e se sentem recompensados ao receber feedback positivo em seus blogs. Os professores relatam um senso renovado de envolvimento com suas turmas após integrar aplicativos do Google. No geral, Burt sente que usar tais ferramentas nivelou a situação antes adversa para os alunos, que agora se sentem bem-sucedidos pelo próprio esforço e orgulhosos de sua cidade natal.

Programando "fora da caixa" em ciência da computação

Mais parecendo um campus universitário do que uma escola do ensino médio, a Gunn High School em Palo Alto tem alguns dos melhores professores e cursos na região sendo uma das escolas públicas mais bem-avaliadas no país. Joshua Paley, professor de ciência da computação, se destaca por lá como um verdadeiro inovador na educação. Ele teve a ideia de introduzir a aprendizagem híbrida em seus cursos de ciência da computação no ensino médio muito antes que qualquer outra pessoa pensasse em fazer o mesmo nessa fase escolar. Isso foi em 2002, quando ele montou seu site para a turma por menos de cem dólares por ano. Paley ficou interessado em aprendizagem híbrida porque, segundo suas palavras, "queria sobreviver. Eu não sou uma pessoa muito organizada, e colocar o conteúdo on-line era uma boa maneira de me comunicar com os estudantes e seus pais, mantendo minha sanidade".

Seu primeiro contato com esse tipo de ensino foi quando fazia doutorado na Universidade da Califórnia em Berkeley com o professor Brian Harvey. O professor Harvey achava que as pessoas aprendiam melhor quando estavam estudando juntas e, por isso, estimulava seus alunos a trabalhar colaborativamente. Então, quando Josh começou a lecionar na escola, foi natural tentar o que havia vivenciado nos tempos em Berkeley. O único problema é que isso nunca fora tentado em lugar algum. Naquela época os estudantes eram penalizados por trabalhar juntos. Colaborar em uma tarefa de casa era considerado trapaça e falta de ética mesmo em 2012, quando estudantes de Harvard foram flagrados "trapaceando".

Não obstante, Josh teve o apoio administrativo para seu estilo de ensino, graças ao chefe de seu departamento, Tom Saults, e ninguém foi contra sua ideia de criar um site, de maneira que tudo começou assim. Levou mais de uma década para que os outros professores começassem a criar sites. E Josh acrescenta: "Não tenho ideia de como eles se viravam antes disso". Seus pares, diz ele, achavam que sua abordagem era uma extravagância. A comunicação por e-mail não era comum naquela época, e as pessoas interagiam deixando um bilhete ou contatando alguém pessoalmente ou por telefone. A jornada de Josh não foi fácil, especialmente depois da saída de Tom Saults. Um dos supervisores posteriores tentou demitir Josh devido a seu estilo de ensino não convencional. Felizmente, o plano de supervisor não deu certo.

Josh usa múltiplas ferramentas de apoio para lecionar: ambientes de programação, navegadores e computadores.

Sua sala de aula tem um computador de mesa para cada estudante. Seu site é utilíssimo para os alunos, pois informa quais são os deveres, as datas das provas e o que é esperado deles.

No outono de 2013, Josh tinha 330 estudantes matriculados em ciência da computação, um número recorde para a disciplina no distrito escolar de Palo Alto e provavelmente também para qualquer escola na Califórnia. Ele agora tem outros professores ajudando no programa. Seu método de ensino é prático, baseado em projetos e correlacionado com a filosofia de sir Ken Robinson e Daniel Pink.

O programa de ciência da computação na escola envolve três horas de aula por semana, durante as quais Josh faz aulas expositivas num total de 45 minutos por semana (cerca de 15 minutos por turma). O restante do tempo, exceto quando há provas, é dedicado a trabalhos em grupo. Os alunos escolhem os projetos para créditos extras e se envolvem muito com eles. Josh acredita que "fazer projetos é mais proveitoso do que pontuações em provas". Muitos de seus ex-alunos foram longe, abrindo *startups* e desenvolvendo sites.

Ele acredita firmemente que o componente social da aprendizagem é muito importante, que sem isso os estudantes não aprendem efetivamente. "Apenas dar acesso a computadores aos estudantes é insuficiente. A cultura da sala de aula e o componente social são fundamentais", diz ele. Deixar os estudantes se apossarem de sua aprendizagem é uma parte importante de sua metodologia. Os cursos de ciência da computação consistem no seguinte:

- Introdução à Ciência da Computação
- Programação Funcional
- Programação Voltada a Objetos
- Programação de Dispositivos Móveis
- Ciência da Computação

A escola oferece quatro opções: ênfase em engenharia mecânica, ênfase em engenharia elétrica e em ciência da computação, ênfase em criação de softwares e ênfase em computação gráfica. Todas as classes usam a abordagem da aprendizagem híbrida.

Moonshots na educação ao redor do mundo: resultados de Xangai no PISA

É de amplo conhecimento que há vastas diferenças culturais entre os sistemas educacionais dos Estados Unidos e os de outros países. É também comum comparar os Estados Unidos e os países do Leste Asiático, particularmente a China. Historicamente, as escolas chinesas são consideradas mais rigorosas que as norte-americanas, com carga horária e períodos letivos mais longos, e mais foco em provas e memorização por meio de repetição.

Xangai, a maior cidade da China, participou pela primeira vez de um teste padronizado internacional em 2009. O PISA é um estudo mundial sobre alfabetização de estudantes em matemática, ciências e leitura. Realizado pela primeira vez em 2000, o teste é aplicado a cada três anos para estudantes de 15 anos – a edição de 2018 ocorreu em setenta países. Segundo o PISA, a definição de "alfabetização" vai acima e além do conhecimento de conteúdo (por exemplo, como converter frações em decimais). Em cada área, o PISA orienta os estudantes a aplicarem o que aprenderam. Por exemplo, em matemática, os alunos devem conseguir resolver problemas com aplicações no mundo real, entendendo conceitos como índices de mudança através do tempo e do espaço. Eles também devem entender os processos do método científico, incluindo formular perguntas, testar hipóteses e avaliar evidências. Em leitura, espera-se que consigam entender, interpretar e refletir sobre textos escritos.

Em suma, o PISA é uma avaliação minuciosamente elaborada que requer conhecimento além do que é adquirido por meio de memorização automática. Por isso, muitos especialistas ficaram surpresos quando Xangai se classificou no topo das três áreas do PISA – matemática, ciências e leitura – em meio aos 65 países participantes em 2009, seu primeiro ano fazendo parte do teste. Em comparação, em 2009 os Estados Unidos ficaram na 23ª posição em ciências, na 17ª em leitura e na 32ª em matemática. A China continuou classificada no topo no PISA de 2012, ao passo que os Estados Unidos foram um pouco melhor que em 2009, ficando na 21ª posição em ciências, na 17ª em leitura e na 26ª em matemática.

Obviamente, muitos fatores podem influenciar a pontuação em um teste padronizado internacional, e é discutível se uma comparação direta entre China e Estados Unidos é justa. Para nossos propósitos, achamos muito interessante a disparidade entre o estereótipo da educação chinesa tradicional – com forte ênfase em aprendizagem e memorização automáticas – e o êxito de Xangai no PISA, que foca a aplicação do conhecimento. Após investigar mais o estado atual das escolas em Xangai, ficamos surpresos com a mudança rápida das práticas escolares naquela cidade. Ela começou com a reforma do currículo em 1988 e continuou com um segundo esforço substancial de reforma em 1998 (TAN, 2012). A "Segunda Reforma do Currículo" foi realizada em 2002 e acabou se estendendo a todas as escolas de Xangai nos dez anos seguintes. Essa reforma em grande escala se baseou em um movimento em direção a uma "economia do conhecimento" movida a informática, um desvio significativo da transmissão tradicional de conhecimento do professor para o aluno. Com metas atualizadas, incluindo cultivar a inovação, formar o caráter dos estudantes e buscar um resultado máximo de "educação voltada à qualidade" – o oposto da "educação voltada a provas" –, a retificação do sistema educacional de Xangai suscita uma analogia com a mudança dos métodos de leitura, escrita e matemática para a abordagem do pensamento crítico, da comunicação, da colaboração e da criatividade no século XXI.

Currículo pós-reforma em Xangai

Uma das áreas-chave da reforma em Xangai é "mudar o estilo da aprendizagem", trocando os métodos chineses tradicionais de repetição e memorização automática por um no qual os estudantes são ativos, não esponjas passivas de informações (OECD, 2010). Devido às metas de aumentar a participação e dotar os alunos de conhecimentos para resolver problemas do mundo real, os estudantes são estimulados a criar perguntas de pesquisa para teste por meio de experimentação e da troca de ideias com seus pares. Enquanto as versões anteriores dos currículos chineses nacionais eram altamente centralizadas e virtualmente idênticas em todo o país, as escolas agora são mais autônomas. Cerca de um terço do currículo fica em aberto para as escolas, para que levem em conta as necessidades individuais de membros de suas comunidades, incluindo matérias eletivas customizadas para os estudantes e pesquisas independentes baseadas em investigação. As avaliações também foram reformuladas para ser mais formativas e holísticas; perguntas de múltipla escolha foram reduzidas, com perguntas em provas cobrindo informações que possam não ter sido diretamente abordadas em aula, a fim de desafiar os estudantes a aplicarem seu conhecimento em novos problemas.

O papel dos professores em Xangai

À medida que o currículo em Xangai mudou para envolver os estudantes em processos de aprendizagem ativos, o papel do professor também evoluiu de palestrante para facilitador. Anteriormente, os professores eram vistos como dispensadores de conhecimento. Desde a reforma, o slogan para a prática de ensino é "devolver o tempo da aula para os estudantes", com o professor se tornando um "coaprendiz". Enquanto as avaliações do professor antes focavam exclusivamente a apresentação de aulas expositivas, eles agora são avaliados se integram bem a participação dos estudantes e atividades colaborativas em suas lições. Outro mantra da pedagogia atual é que "para toda pergunta deve haver mais do que uma única resposta".

É também notável que a profissão de professor seja uma das preferidas na China, tendo um salário estável que vem melhorando ao longo dos anos e segurança relativa no emprego. O desenvolvimento profissional e a mentoria são constantes ao longo da carreira no ensino. Frequentemente, os professores trabalham em grupos para estudar e melhorar, e são analisados por seus pares, pupilos e supervisores. Universidades com programas de treinamento de docentes tendem a atrair candidatos de alta qualidade devido a uma política que dá prioridade de admissão a quem pretende ser professor.

Lições de Xangai e outras histórias de sucesso

Aprendemos muito com as histórias de sucesso da aprendizagem híbrida nos Estados Unidos e pelo mundo, e descobrimos que em todas elas há alguns temas em comum. Primeiro, a instrução tradicional a cargo do professor foi substituída por uma experiência centrada no estudante. Isso pode diferir muito de uma sala de aula para outra. No entanto, independentemente de sua sala de aula adotar uma rotação de laboratório, um currículo baseado em projetos, um currículo de matemática à base da Khan Academy ou outras ferramentas e técnicas, o maior desafio é sair de sua zona de conforto, confiar em você mesmo e em seus alunos e ser aberto à experimentação. É aqui que reside o verdadeiro *moonshot*. Seu primeiro esforço pode não dar certo, mas pequenas mudanças podem ir se somando e ter um enorme impacto.

DESEMPENHO DO BRASIL NO PISA

O Brasil participou do PISA desde sua primeira edição, no ano 2000, com 4.893 alunos avaliados. Essa participação cresceu gradualmente e, no ano de 2015, envolveu mais de 23 mil alunos.

Dentre os 72 países e regiões avaliadas em 2015, o Brasil ocupou a:
- 59ª posição em leitura;
- 63ª posição em ciências;
- 65ª posição em matemática.

Cerca de 44% dos estudantes brasileiros obtiveram desempenho abaixo do nível considerado adequado pelo exame.

O resultado em matemática retratou a primeira queda no desempenho do país ao longo de sua trajetória no programa, na qual o Brasil vinha obtendo notas melhores a cada exame. Em ciências e leitura o desempenho do país está estagnado.

Em julho de 2018, uma nova edição do PISA foi desenvolvida, ainda sem resultados publicados. Aproximadamente 60% dos estudantes brasileiros não conseguiram finalizar o exame.

JORNALISMO E ESTUDOS DE MÍDIA

Uma das áreas nas quais programas de aprendizagem híbrida são mais efetivos no ensino secundário e no ensino médio é o jornalismo – ou estudos de mídia, como se diz nos dias de hoje. Na Wikipédia a definição de estudos de mídia é "disciplina e campo de estudo que lida com conteúdo, história e efeitos de vários meios; em particular, os 'meios de comunicação de massa'". No entanto, essa definição histórica não inclui uma grande parte dos estudos de mídia atuais, os quais envolvem o uso de dispositivos eletrônicos, como computadores, câmeras, dispositivos de vídeo, celulares e tablets, para facilitar a comunicação. O resultado é comunicação ao estilo do século XXI. A definição também inclui meios de comunicação históricos, como jornais, revistas, rádio e televisão. Mas o século XXI é regido pela mídia. Hoje, praticamente todos os estudantes, mesmo em áreas de baixa renda, têm algum tipo de dispositivo eletrônico conectado à internet. A internet mudou o mundo, e telefones celulares permitem carregar uma biblioteca inteira no bolso.

Estudos de mídia podem ser facilmente incorporados em múltiplas disciplinas escolares, incluindo língua e literatura inglesa, ciências e estudos sociais, sem necessidade de equipamentos, pessoal ou treinamento adicionais.

Estudos de mídia incluem sites, blogs, vídeos, fotografias, jornais, revistas e programas de televisão criados pelos estudantes e podem incorporar todos os aspectos da aprendizagem híbrida.

A professora de educação em Stanford, Linda Darling-Hammond, enfatiza as atuais expectativas em relação aos estudantes, as quais incluem as capacidades de fazer o seguinte:

- Comunicar-se
- Adaptar-se a mudanças
- Trabalhar em equipes
- Solucionar problemas
- Refletir sobre o desempenho e melhorá-lo
- Analisar e conceituar
- Autogerir-se
- Inovar e criticar
- Aprender coisas novas o tempo todo
- Cruzar divisas especializadas

Há razões fortes para incorporar modelos de mídia em todo o ensino de redação no currículo do ensino médio, inclusive porque deveres envolvendo essas habilidades estão nas diretrizes educacionais norte-americanas. Talvez uma razão ainda mais forte para desenvolvê-las seja que, atualmente, os empregadores querem funcionários que pensem, colaborem e se comuniquem efetivamente, não quem só sabe fazer X em provas de múltipla escolha. Eles querem funcionários que sejam hábeis com a internet, o computador e o *raciocínio*, e que saibam usar programas básicos de software. Em suma, eles querem funcionários com experiência em jornalismo. Escrever é pensar. Thomas Friedman, do *New York Times*, escreveu uma coluna em 20 de abril de 2014 na qual explica o que é preciso para conseguir um emprego no Google, após ter entrevistado Laszlo Bock, que é recrutador na empresa. Friedman escreve: "A primeira coisa que o Google procura é capacidade cognitiva geral – a capacidade de aprender coisas e resolver problemas". Mas, na realidade, o Google é representativo de todos os locais de trabalho desejáveis: a maioria dos empregadores está em busca de funcionários que consigam pensar e resolver problemas, portanto, o currículo do ensino médio deveria ajudar a preparar os estudantes para exercitarem essas capacidades.

> **MUNDO DO TRABALHO E PROJETO DE VIDA**
>
> A BNCC determina como um dos focos do desenvolvimento das competências a resolução de demandas complexas do mundo do trabalho. A competência geral 6 propõe:
>
>> Valorizar a diversidade de saberes e vivências culturais e apropriar-se de conhecimentos e experiências que lhe possibilitem entender as relações próprias do mundo do trabalho e fazer escolhas alinhadas ao exercício da cidadania e ao seu projeto de vida, com liberdade, autonomia, consciência crítica e responsabilidade. (BNCC, 2018, p. 9)
>
> Essa proposta revela a preocupação da Base em garantir a preparação do aluno para pensar e resolver problemas de maneira efetiva, contribuindo para a construção e a concretização de seu projeto de vida.

Aqui está um exemplo de um currículo escolar que faz justamente isto: preparar a garotada para solucionar problemas. Trata-se do programa de Mídias e Artes da Palo

Alto High School, onde eu leciono, que é o maior programa do gênero no país. Mais de seiscentos estudantes em meio a um total de 1.900 estão optando por fazer estudos de mídia no novo Centro de Mídias e Artes, de 2 mil metros quadrados, que abriu em outubro de 2014. É ótimo ter um local maravilhoso como esse, mas na realidade o programa pode ser implantado em uma sala de aula portátil como aquela em que eu estive por vinte anos[15]. O programa tem ganhado prêmios constantemente da Associação Internacional de Imprensa Estudantil e estuda diversos meios de comunicação e plataformas: jornais, televisão, revistas, tablets (publicações no Flipboard) e telefones celulares.

O programa de Mídias e Artes tem sete sites conectados a programas na escola, duas turmas de televisão (que produzem o programa *INfocus*), uma revista de notícias (*Verde*), uma revista de esportes (*The Viking*), uma revista literária (*Calliope*), uma revista de relações exteriores (*Agora*), uma revista de fotografia (*Proof*), uma revista de artes e entretenimento (*C Magazine*), um jornal (*The Campanile*), aulas de produção de vídeo e um anuário (*Madrono*).

---

15 Antes da construção do prédio que abriga hoje o Centro de Mídias e Artes, Esther Wojcicki ministrava as aulas de jornalismo em um trailer que ficava alocado no campus da escola. (N.E.)

PROGRAMA DE JORNALISMO NA PALO ALTO HIGH SCHOOL

Nome	Link	Fundação
Central Website	http://voice.paly.net	1998
The Viking	http://www.vikingsportsmag.com/	2007
Verde	http://verdemagazine.com/	2000
The Campanile	http://palycampanile.net	1918
Televisão	http://www.palyinfocus.com/	1999
Produção de vídeos	(sem presença on-line)	1998
Agora	http://palyagora.com/	2011
Madrono	(sem presença on-line)	1918
C Magazine	http://www.palycampanile.org/the-c-magazine	2012
Calliope	(sem presença on-line)	década de 1960

Os principais chamarizes do programa são *liberdade* e *relevância* – *liberdade* para que os estudantes escrevam sobre assuntos *relevantes* para suas preocupações. Eles podem escolher livremente seus parceiros para trabalhos, pois a maior parte deles gosta de ir à escola para estar com os amigos. Os professores podem dar sugestões, mas, a fim de ter êxito, os estudantes precisam se sentir no controle de seu aprendizado e ter a liberdade de aprender independentemente, o que é muito facilitado pelo uso de computadores. Alan November usa seu modelo de ensino digital para mostrar aos professores como a tecnologia permite que os estudantes se apossem de seu aprendizado, criem as próprias ferramentas para aprender e participem de trabalhos que façam sentido para si mesmos e para os outros.

Tão importante quanto liberdade e relevância é o *respeito*. Os estudantes têm de se sentir respeitados pelos professores e por seus pares a fim de se envolver na colaboração que é requerida. Em nosso programa, os estudantes jornalistas são tratados com respeito diariamente – como indivíduos, colaboradores, pesquisadores e redatores.

O programa da Palo Alto também ensina *determinação* – uma habilidade considerada importante hoje, conforme vimos no capítulo "Além da leitura, escrita e matemática". Friedman também toca nisso em sua coluna, quando diz que o principal traço de caráter que os empregadores procuram é justamente a determinação. Paul Tough, em seu livro *Como as crianças aprendem – O papel da garra, da curiosidade e da personalidade no desenvolvimento infantil*, dá múltiplos exemplos da importância da determinação. Em um campus do ensino médio não é fácil publicar um jornal com três seções e 28 páginas a cada três semanas, especialmente quando isso é responsabilidade direta dos estudantes. Eles aprendem a pensar rapidamente, escrever com objetividade, trabalhar em equipes, confiar uns nos outros e se empenhar totalmente até a publicação cumprir seu prazo final. Trata-se de uma oportunidade para aprender determinação em um ambiente controlado.

Obviamente, os estudantes não se inscrevem em um curso pensando em determinação. Eles se inscrevem por ouvirem que terão três coisas fundamentais: *confiança, respeito* e *liberdade*. (E, aliás, eles também acham que o curso é divertido, pois trabalham colaborativamente com seus amigos.) Todos, seja qual for a idade, querem ser tratados com confiança e respeito, e ter liberdade. Conforme eu disse anteriormente neste livro, a maioria das classes na educação primária e secundária oferece muito pouco nesse sentido. Na realidade, tudo é controlado, de forma que os professores possam preparar seus alunos para passarem nas provas tão temidas que agora são onipresentes.

Respeito

Como se faz para que os estudantes saibam que são respeitados? O modo número um no programa de Mídias e Artes da Palo Alto é honrar seus direitos de acordo com a Primeira Emenda da Constituição dos Estados Unidos[16] – dando-lhes a liberdade de escolher ideias para suas matérias e escrever sobre tópicos de seu interesse. Embora isso possa parecer simplesmente um clichê, o fato é que na maior parte deste país os estudantes não usufruem os direitos da Primeira Emenda. Isso se deve à decisão da Suprema Corte em 1988 no caso *Hazelwood contra Kuhlmeier*, que deu aos professores e diretores o direito de censurar a imprensa estudantil. Apenas oito estados – Arkansas, Califórnia, Colorado, Iowa, Kansas, Kentucky, Massachusetts e Oregon – aprovaram leis garantindo que todas as publicações estudantis têm o direito de existir livremente. Os demais estados deveriam tomar medidas para garantir essa liberdade aos estudantes.

Respeito também se vincula à confiança, e no programa os estudantes partilham com o professor a responsabilidade pela aprendizagem. Enquanto o docente apresenta o

---

16 A Primeira Emenda da Constituição dos Estados Unidos diz: "O Congresso não deve promulgar leis a respeito do estabelecimento de uma religião, ou proibindo o seu livre exercício; ou restringir a liberdade de expressão, ou da imprensa; ou o direito das pessoas de se reunirem pacificamente, e de dirigirem uma petição ao Governo para a reparação de injustiças".(N.E.)

currículo, os estudantes o desenvolvem e praticam as habilidades no mundo real.

Quando são obrigados a escrever sobre alguma coisa, os estudantes não ficam empolgados e acabam trapaceando ou plagiando. Tomemos como exemplo o infame ensaio de cinco parágrafos, ainda obrigatório nas aulas de inglês na maioria das escolas nos Estados Unidos. Os estudantes o detestam, pois é arcaico e forçado – um formato que não existe fora da sala de aula. Não é à toa que existe um florescente mercado on-line de ensaios. Requisitar essas tarefas antiquadas de redação não é a melhor maneira para os estudantes aprenderem ou se empolgarem com a aprendizagem – quando têm a oportunidade de discorrer sobre assuntos que acham importantes, eles ficam interessados em escrever.

Outra motivação importante para se envolver no programa é que os estudantes gostam de aprender a escrever em vários gêneros usados na internet, incluindo notícias, artigos, resenhas, opinião e esportes. Esse tipo de redação é um mundo à parte, que dá um respiro do entediante ensaio expositivo de cinco parágrafos.

> **JORNALISMO NA ESCOLA**
>
> Na disciplina de língua portuguesa, a BNCC apresenta o campo jornalístico-midiático nos anos finais do ensino fundamental. O campo, além de focar o estudo dos gêneros textuais característicos desse meio – com escuta, leitura e produção de textos –, pretende preparar os alunos para o "trato com a informação e a opinião", sensibilizando o adolescente para os acontecimentos da comunidade em que está inserido.

Plano de trabalho

Vejamos os detalhes de como o programa funciona. No início de cada ciclo de produção para uma publicação, os estudantes propõem ideias para todas as seções: notícias, reportagens, artes e entretenimento, opinião e esportes. Os alunos que trabalham no site têm de fazer isso diariamente, até várias vezes por dia; os que trabalham na televisão também fazem isso diariamente; e aqueles que atuam no jornal e na revista lançam ideias a cada uma ou duas semanas, pois essas publicações têm um ciclo mais longo. Os estudantes adoram esse processo, pois apresentam as ideias para as matérias e, como as ideias são deles, querem escrevê-las. Isso se liga ao modelo de aprendizagem híbrida no qual os alunos têm a posse de sua aprendizagem.

Como se pode imaginar, as sessões de *brainstorm* costumam ser muito animadas e o processo estimula os estudantes a ficarem atentos ao mundo ao seu redor, a fim de sugerir tópicos interessantes. A regra geral seguida por eles é que uma ideia boa é a chave para um artigo interessante. Eles aprendem que se não ficarem interessados em escrever o artigo, ninguém ficará interessado em lê-lo, de modo que é melhor terem uma ideia que lhes *agrade*.

No fim da sessão de ideias, os estudantes descartam propostas estapafúrdias para se assegurar de que a publicação mantenha sua postura ética e seja tratada com respeito pelos leitores. O processo colaborativo fomenta o desenvolvimento do discernimento acurado – caso contrário, o professor interfere gentilmente para que os estudantes relembrem a ética do programa de mídia. Suas ideias vêm da leitura de outras publicações e de sites, de conversas com diversas pessoas e do fato de estarem a par do que está acontecendo no mundo. Imagine o quanto essas habilidades são poderosas para os hábitos de aprendizagem por toda a vida. Os estudantes aprendem a ficar atentos ao que está acontecendo no mundo ao seu redor.

Em vez de o professor estar no comando, são os estudantes colaborando uns com os outros, e isso funciona. Colocá-los no comando é uma atitude de confiança e respeito por parte do professor. Naturalmente, o professor ainda está ali, mas como um guia à espera de ser chamado, o que também é importante. Em todos os programas de mídia, os editores dirigem as aulas todo dia, com *coaching* do professor antes e após a aula. Cada estudante tem uma função, e todos trabalham juntos como uma equipe. Há editores gerais e de seção, repórteres novatos e experientes, fotógrafos e gerentes de negócios, de publicidade e de circulação. Esse processo ensina a trabalhar em equipe, a colaborar, a solucionar problemas e a ter autocontrole – ou seja, habilidades muito requisitadas no mercado de trabalho.

Um aspecto importante do programa são as altas expectativas. Os adultos no comando esperam que os estudantes estejam à altura das altas expectativas estabelecidas pelo programa. Não se trata de trabalho extenuante, mas sim de uma série de deveres desafiadores que têm começo, meio e fim – e, no final, há um produto autêntico e tangível, algo que outras pessoas possam ler, ouvir ou ver.

Os estudantes se empenham para atingir esses padrões elevados. Os professores esperam alta qualidade, matérias bem-pesquisadas e entregues no prazo. Eu espero que meus alunos leiam os artigos que envio toda noite para seus e-mails ou contas no Facebook. Espero que eles trabalhem juntos e aprendam a se dar bem. Meus padrões são altos, e acho que meus alunos sempre se esforçam para atingi-los. Aliás, muito mais gente tem essa opinião: há muitos anos, a excelência deles vem sendo reconhecida com prêmios importantes. Não é preciso entrar em competições nacionais, mas é importante expressar o reconhecimento a estudantes que escrevem bons artigos, com alguma espécie de cerimônia ao fim de cada mês. A garotada adora ser reconhecida e ganhar um pedaço de papel atestando esse reconhecimento.

O segundo aspecto crucial do programa é a responsabilidade. Embora os estudantes estejam no controle de sua aprendizagem, perdura uma responsabilidade. Todo trabalho é entregue e editado no Google Docs. Isso facilita muito para o professor ver quando o trabalho foi entregue, as revisões que foram feitas e o que os pares do redator fizeram em termos de edição. Os editores editam os textos sob a orientação do professor, o que é facilitado pelo uso do Google Docs. Os estudantes podem trabalhar a qualquer hora, em qualquer computador. O programa também é gratuito. Agora, o Google também tem o Google Sala de Aula que facilita muito a organização do trabalho pelo estudante. No entanto, um dos inconvenientes é que, quando o aluno entrega o trabalho, este passa a pertencer ao professor e não se pode alterar mais nada até ele ser devolvido. Embora isso funcione em algumas turmas, pode ser um empecilho quando os estudantes estão editando colaborativamente sem que o professor tenha tempo de revisar e devolver o trabalho.

Distritos escolares deveriam investir no Hapara, um programa excelente com a função "Teacher Dashboard", que permite que os professores vejam em tempo real o que os estudantes estão fazendo. O programa oferece um meio de organizar o trabalho do estudante, de modo que fica bem mais fácil achá-lo, acompanhá-lo e avaliá-lo. O Hapara também tem um meio de analisar o progresso do estudante e fornece dados claros ligados às diretrizes educacionais, que ajudam o professor a analisar o progresso dos alunos. No Hapara, a posse do trabalho não é transferida ao professor quando o aluno entrega o trabalho.

O terceiro aspecto crucial do programa é conceder liberdade, respeito e confiança aos estudantes. Não surpreende que estudantes fiquem atraídos por programas como o de Mídias e Artes da Palo Alto High School. Adultos querem trabalhar para organizações onde haja respeito e liberdade. Da mesma forma, estudantes adolescentes aspiram por oportunidades que façam com que se sintam bem consigo mesmos.

Liberdade, respeito, confiança e altas expectativas: são esses os ingredientes de um ambiente florescente de aprendizagem híbrida, e eles são inerentes em programas escolares de Mídias e Artes.

Programas de jornalismo

Esses programas são o suprassumo da aprendizagem híbrida efetiva em artes da linguagem, assim como da aprendizagem baseada em projetos. Os estudantes trabalham mais de 50% do tempo usando computadores em projetos colaborativos sobre artigos que eles mesmos escolheram. Comprovadamente, a aprendizagem baseada em projetos é o método de instrução mais envolvente e efetivo. O professor não precisa ser um artista para conquistar a atenção dos estudantes. Ele só tem de alimentar a pulsão natural dos alunos de exercer certo controle sobre sua aprendizagem e de trabalhar em projetos que lhes interessem.

Há três razões para isso funcionar tão bem e todas estão inclusas em programas de jornalismo:

1. Os projetos podem ser escolhidos segundo o interesse pessoal do estudante no tópico, ao contrário de determinar as mesmas fichas de trabalho ou relatos sobre livros para a turma inteira.
2. Eles envolvem a posse do trabalho por parte do estudante.
3. Eles dão oportunidades para a colaboração genuína entre pares.

Eis aqui um exemplo: o primeiro dever passado aos estudantes no começo do ano é descrever a personalidade de qualquer pessoa que eles queiram – um colega de sala, um amigo próximo, o pai ou a mãe. Eles ficam muito empolgados com esse dever porque gostam de escrever sobre as pessoas principais em suas vidas e também gostam da ideia de que o produto final pode ser publicado, inclusive em um blog. Eles leem muitos modelos de perfis de personalidade e então põem mãos à obra. Você pode facilmente reunir esses trabalhos em um livro ou em um site. Em

2015, todos os professores da Palo Alto High School do 1º e 2º ano do ensino médio participaram de um experimento no qual o primeiro dever do ano letivo era escrever um perfil de personalidade. Tanto os estudantes quanto os professores adoraram o dever e disseram que obter uma amostra de redação foi uma das melhores maneiras encontradas para que os estudantes se conhecessem e ficassem empolgados em escrever. Todos saíram ganhando com esse dever.

Ao escrever um perfil de personalidade, os estudantes aprendem um estilo específico de redação que se aplica amplamente a habilidades como o uso de palavras, seletividade e organização. Tais habilidades não são ensinadas separadamente, mas embutidas no dever. Os estudantes nem percebem que estão aprendendo-as, pois o foco é no dever, não em uma ficha de trabalho. Deveres adicionais seguem o mesmo veio: resenhas de filmes e restaurantes, artigos de opinião, reportagens, matérias de esportes e notícias. A escrita jornalística os deixa empolgados em escrever.

Outro dever, que pode ser feito em uma aula de jornalismo ou de línguas, é ir a pé a uma sorveteria por perto, provar os diferentes sabores e depois compará-los com os sabores de uma sorveteria próxima. Não surpreende que os estudantes fiquem envolvidos e entusiasmados com suas resenhas – e a paixão é fundamental para a aprendizagem. Professores de língua, história e de ciências humanas deveriam tentar substituir os deveres descritivos tradicionais por outros mais jornalísticos e autênticos.

Os estudantes podem publicar seu trabalho on-line em blogs ou sites, ou em exemplares de papel impressos em pequenas gráficas ou papelarias com boas máquinas de impressão. Exemplos de sites de blogs são Blogger, Tumblr e WordPress. Há muitas empresas que ajudam os estudantes a fazer sites, incluindo a Google Sites.

Estudos de mídia são provavelmente o currículo mais efetivo de aprendizagem híbrida baseada em projetos no ensino médio. Eles treinam os estudantes para o mercado de trabalho e os tornam cidadãos produtivos no universo da internet.

A meta do programa é fazer com que os estudantes do ensino médio aprendam a trabalhar independentemente, a fazer pesquisas inteligentes e a colaborar efetivamente ao vivo e pela internet. Tenho certeza de que John Dewey[17], um dos fundadores da educação progressista, apoiaria entusiasticamente programas de Mídias e Artes. Eles dão poder aos estudantes para fazer, não apenas falar em fazer ou ver outra pessoa fazer. O que poderia ser mais genuíno do que isso?

Deveres sugeridos

A seguir há deveres de jornalismo de aprendizagem híbrida relativos a vários temas. Todas essas ideias podem ser adaptadas para filmes, fotos, formato escrito tradicional e reportagens multimídias.

---

17 John Dewey (1859-1952) foi um filósofo norte-americano que influenciou educadores de diversos países. No campo da pedagogia, a teoria de Dewey defende o aprendizado por meio das experiências compartilhadas pelos alunos, num ambiente democrático que permitia à criança desenvolver os aspectos físico, emocional e intelectual.

Traços ou perfil de personalidade

Essa é a melhor maneira de estimular os estudantes a se conhecerem no início do ano letivo. Peça para eles se entrevistarem e depois postarem essas entrevistas em um blog da turma que todos possam acessar. Há múltiplas vantagens: os estudantes ficam se conhecendo e, no processo, aprendem habilidades de entrevista, redação e publicação. Diga aos estudantes para editarem o trabalho juntos. O professor pode examinar o trabalho de edição conjunto e fazer comentários adicionais. Isso é facílimo com o Google Docs, pois os professores podem ver quem editou o que e quando.

Reportagem

Os estudantes podem ler reportagens em revistas e imitar o estilo. O tema pode ser qualquer coisa, desde praias locais a pranchas de skate e o museu local. Basicamente, eles podem escolher o que acharem mais interessante; o papel do professor é ajudar a definir bem o foco, para que os alunos consigam fazer a reportagem. Por exemplo, em vez de escrever sobre fotografia, os jovens podem escrever sobre determinado fotógrafo da escola ou da cidade.

Resenha

Os estudantes adoram fazer resenhas expressando sua opinião sobre qualquer coisa e sobre tudo. Mesmo nas aulas de ciências eles podem fazer resenhas sobre sites que explicam conceitos científicos. Em aulas de português e jornalismo, os tipos mais comuns são:

- **Resenha de filme:** Difere de uma reportagem sobre um filme. Os estudantes precisam avaliar o enredo, a atuação, o cenário, a cinematografia e o efeito geral, o que os obriga a saber algo sobre cada uma dessas categorias.

- **Resenha de produto:** Os estudantes podem resenhar qualquer produto, desde sorvete até software. A ideia é fazê-los escrever sobre algo com que se importam.

- **Resenha de site:** Os estudantes estão constantemente na internet, de forma que é simples pedir que eles façam a resenha de um site à sua escolha. A finalidade subjacente é que eles têm de argumentar a respeito de sua escolha.

- **Resenha de jogo ou aplicativo:** Os estudantes se divertem o tempo todo com jogos de computador, o que inclusive preocupa a maioria dos pais e professores. Então, que tal pedir que eles façam a resenha de um jogo ou aplicativo do qual gostam ou não gostam? Mais uma vez, eles precisam argumentar a respeito de sua escolha.

- **Resenha de restaurante:** Esta é, disparadamente, a resenha favorita dos alunos. Eles precisam ir juntos a um restaurante qualquer, até de fast-food, e devem analisar a atmosfera, o atendimento, a comida e o preço. Eu sugiro que as resenhas on-line tenham como modelo o site do jornal local ou um jornal de grande circulação. Os estudantes também podem pesquisar por conta própria outras resenhas publicadas. A finalidade subjacente nesse caso é fazer com que colham informações para depois analisá-las e redigir seguindo uma ordem lógica (colocando primeiro as coisas mais importantes), com grafia, pontuação e gramática corretas.

Artigo de opinião

- **Assuntos nacionais e internacionais:** Todo dia há um novo assunto quente, uma crise em algum lugar no mundo. Faça os estudantes escolherem um assunto (isso requer que eles pesquisem na internet) e depois escreverem a respeito dando sua opinião e justificando seu posicionamento. Os estudantes podem trabalhar em grupos. Isso é perfeito para aulas de ciências humanas. Para aulas de português, o professor pode ligar um artigo a uma obra ficcional que os estudantes estejam lendo. Como exemplo, em *O grande Gatsby*, de Fitzgerald, há temas como o excesso de autoindulgência, consumismo e também materialismo – problemas que ainda persistem no mundo real. Peça aos estudantes que achem artigos sobre esses temas e escrevam a respeito.

- **Assuntos locais:** A maioria das comunidades tem um site com notícias locais. Seria bom localizar esse site e pedir aos estudantes que leiam as matérias, para que destaquem assuntos que lhes interessem e depois escrevam artigos de opinião a respeito deles. Isso parece e é realmente simples. Em geral, os estudantes se envolvem mais facilmente com assuntos locais que os afetam diretamente do que com acontecimentos dramáticos em outro continente.

Notícias

Escrever uma notícia é um dos deveres mais difíceis para os estudantes, pois é preciso decidir o que é mais importante – diferentemente dos deveres de redação tradicionais na maioria das escolas, onde eles estão acostumados a apenas regurgitar o que ouviram falar e a não tomar uma decisão. Para o programa de Mídias e Artes de Palo Alto, a grande finalidade de escrever notícias é fazer os alunos pensarem. Há seis fatos importantes que eles devem apresentar – quem, o que, quando, onde, como e por que – seguindo o estilo da pirâmide invertida (primeiramente, aquilo que mais importa).

Esportes

Em geral, a maioria dos estudantes pratica esportes ou os acompanha regularmente, portanto, adora escrever sobre isso. Primeiro, peça aos alunos que leiam algumas matérias on-line sobre esportes. Deixe que eles escolham as melhores e as partilhem com os colegas de classe. Depois, peça que escrevam uma matéria sobre seus esportes na escola ou sobre atletas. Isso é divertido para quem escreve e para a pessoa enfocada, e, no processo, eles aprendem a escrever.

Parceria para o aprendizado do século XXI

Estudos de jornalismo também ensinam as habilidades essenciais que os líderes empresariais desejam ver nos funcionários e que as diretrizes educacionais requerem. Veja a tabela abaixo e compare. A diferença básica é que o jornalismo provê ainda mais. Observe a descrição do curso após a tabela.

HABILIDADES IMPORTANTES PARA OS ESTUDANTES NO SÉCULO XXI

Habilidades	Empregadores querem	Treinamento em jornalismo propicia	Método tradicional oferece
Acessar e avaliar informações	Sim	Sim	Limitado
Usar e administrar informações	Sim	Sim	Limitado
Analisar mídia	Sim	Sim	Não
Criar produtos de mídia	Sim	Sim	Não
Aplicar tecnologia efetivamente	Sim	Sim	Não
Adaptar-se a mudanças	Sim	Sim	Não
Ser flexível	Sim	Sim	Não
Administrar bem as metas e o tempo	Sim	Sim	Não
Trabalhar de forma independente	Sim	Sim	Não
Ter iniciativa	Sim	Sim	Não
Trabalhar eficazmente com os outros	Sim	Sim	Não
Gerir projetos	Sim	Sim	Não
Produzir resultados	Sim	Sim	Limitado
Guiar e liderar os outros	Sim	Sim	Não
Ser responsável com os outros	Sim	Sim	Não
Ser um bom cidadão digital	Sim	Sim	Não

Os estudantes que entram em jornalismo avançado na Palo Alto High School recebem as informações a seguir sobre as habilidades que irão aprender e a efetividade do jornalismo como um currículo para a era digital. Como se sabe, hoje em dia a maioria dessas habilidades é essencial para ter um bom desempenho em quase todos os locais de trabalho. Ou seja, tais habilidades aumentam sua probabilidade de êxito profissional.

DESCRIÇÃO DO CURSO

INTRODUÇÃO AO JORNALISMO AVANÇADO

Metas do programa para os estudantes
- Melhorar suas habilidades de redação e de comunicação na internet
- Aprender a escrever eficazmente sob pressão
- Melhorar suas habilidades de publicação e uso do computador
- Aprender a trabalhar efetivamente em equipe com todos os tipos de pessoas em diversas situações (sem perder a paciência)
- Melhorar suas habilidades de comunicação oral
- Melhorar sua capacidade de pensar crítica e rapidamente
- Conscientizar-se das notícias locais, nacionais e internacionais
- Aprender a trabalhar efetivamente tanto em equipe quanto como líder
- Aprender a assumir responsabilidades e a persistir em um projeto
- Aprender a trabalhar eficazmente sob estresse
- Desenvolver suas habilidades empreendedoras

Atributos de um estudante com alto desempenho
- Entregar todos os textos com pontualidade
- Fazer pesquisas de alta qualidade
- Ler o jornal diariamente
- Tomar iniciativa
- Ser responsável
- Ser confiável

- Ser coerente
- Saber lidar com críticas
- Saber lidar com contratempos
- Conseguir ser líder e membro da equipe
- Revisar e editar o próprio trabalho
- Planejar com antecedência (sim!!!)
- Entrevistar várias fontes
- Participar das discussões em aula
- Não interromper quando os outros estiverem falando
- Ser sensível às necessidades alheias
- Ir às reuniões de produção e trabalhar com o grupo editor
- Fazer perguntas se não entender
- Frequentar regularmente as aulas
- Conseguir anúncios para as publicações (US$ 400 por ano[18])

O CICLO DE PRODUÇÃO (OU, COMO ISSO TUDO FUNCIONA)

1. Ideias para matérias

Todos devem preencher uma folha com ideias para textos para cada ciclo de um jornal. Isso inclui notícias, opinião, reportagens, artes e entretenimento, esportes ou qualquer destaque ou relato. Trata-se de um passo MUITO IMPORTANTE do ciclo de produção. Sem boas ideias não há boas matérias. Todos devem participar da aula quando houver o lançamento de ideias. Após criarmos uma lista grande de ideias para possíveis matérias, você apresenta suas cinco opções principais do que gostaria de escrever. Faremos todo o esforço possível para indicar as matérias nas quais você está interessado, mas não podemos garantir isso.

2. Escrever/Editar matérias

Após a livre exposição de ideias, você será designado para escrever uma ou mais matérias. Você receberá um prazo final para o primeiro esboço, o qual será trabalhado pelos editores.

---

18 Todas as publicações da Palo Alto High School são autossustentáveis, ou seja, os alunos são responsáveis por angariar fundos para o custeio da impressão do jornal e das revistas. Essa prática faz com que os jovens aprendam a administrar financeiramente os recursos das publicações e vivam a experiência do mundo de trabalho.

Você fará todas as alterações necessárias e partilhará um segundo esboço com os editores.

NOTA: O editor de seção também trabalhará em seu segundo esboço. Após ele concluir a segunda rodada de alterações, você apresentará um esboço final.

3. Produção

No primeiro dia de produção, irão lhe indicar um ou dois parceiros de trabalho. Você e esse(s) parceiro(s) serão incumbidos do design de uma página do jornal (e das matérias que entrarão ali). Vocês são responsáveis pela criação de uma página interessante e visualmente atraente, com fotos e legendas editadas e quaisquer gráficos que precisem ser criados no Photoshop.

A fim de assegurar que suas páginas se destaquem ao máximo, vocês são responsáveis por obter uma *checagem do design*, uma *checagem do editor da seção* e três *checagens do editor*. Para obter uma checagem do design, é preciso fazer um layout da página que você tem em mente e ganhar a aprovação de um editor. A seguir, você usará o software InDesign para executar o design. Após posicionar todo o texto e as imagens, imprima a página para o editor de seção checar. Ele irá sugerir alterações no texto e no design, as quais você deve fazer e então devolver a página melhorada para o editor de seção que talvez faça mais alterações. Esse processo continuará até o editor de seção ficar satisfeito com a página, a qual então passará por uma checagem final de três editores de seção.

NOTA: Você NÃO pode pedir uma checagem simultaneamente a dois ou mais editores. É preciso obter a checagem de um editor antes de partir para o próximo. A checagem do editor de seção também é necessária antes das checagens de editores.

Caso haja um anúncio em sua página, é preciso obter a checagem dele por parte de um dos gerentes de publicidade, o qual irá assegurar que o anúncio está posicionado e formatado de forma adequada.

4. Distribuição

No lanche após o último dia de produção, todos devem ir à sala de aula para apanhar e distribuir os jornais na escola. Lembre-se de que será feita a lista de chamada e as ausências serão anotadas. Não queremos que ninguém na Paly fique privado de uma edição do *Campy*[19], pois isso seria péssimo para todas as partes envolvidas.

REQUISITOS PARA A TURMA

1. Escrever uma matéria ou duas com no mínimo seiscentas palavras por edição. Todos devem escrever mesmo que a matéria não seja publicada. Caso não seja impressa em papel, sua matéria irá para o site de *The Campanile* e o "Voice Your Story"[20] deve ser inserido no Voice para obter crédito.
2. Todas as matérias devem ser entregues no Google Docs e especificadas apropriadamente: sobrenome, nome: tipos de texto, título do texto.
   Exemplo: Brown, John: reportagem, pranchas de esqueite.
3. Entregue sempre todos os seus textos dentro do prazo. Estudantes que entregam textos atrasados *mais de duas vezes consecutivas* terão de se retirar da aula. Mesmo que seu texto não esteja concluído, faça o melhor possível e entregue o que você tem, para não perder o prazo final. Só serão concedidas prorrogações de prazo para problemas sérios, não porque você esqueceu ou tinha tarefas de casa em excesso. Envie solicitações de prorrogação de prazo para xxxx@googlegroups.com.
4. Você precisa aprender a usar o Twitter e o Google+, pois todo anunciante terá a opção de chamá-lo para promover a empresa dele.
5. Você deve ler regularmente o *New York Times*, o *San Jose Mercury News*, o *Wall Street Journal*, a *Time* e o *Palo Alto Weekly* on-line para ter ideias para textos.
6. As leituras para as aulas serão enviadas via Google Groups (a cada poucos dias).

PONTUAÇÕES

Todos na classe deveriam receber um A. Caso não esteja conseguindo, isso significa que você não está trabalhando como

---

19 *Campy* é o apelido dado pelos alunos ao jornal *The Campanile*, editado na escola por eles. (N.E.)
20 "Voice Your Story" é uma seção do site The Paly Voice, em que os alunos relatam suas experiências na Palo Alto High School. (N.E.)

um membro efetivo da equipe para produzir o melhor jornal possível, ou que você está escrevendo textos ruins, não entrega os textos dentro do prazo ou não está conseguindo anúncios. Se não cumprir prazos ou não fizer as pesquisas necessárias, você deverá escolher outra turma e abrir mão do *Campanile*.

A pontuação que você terá não deve ser seu primeiro objetivo em relação ao *Campanile*, e sim resultar do esforço em equipe no jornal. Para dar um bom estímulo, todos começam ganhando um A. Para tirar menos que A é preciso não fazer o que é requerido na aula (ver requisitos anteriormente). Desde que escreva suas matérias, entregue-as no prazo, consiga anúncios e participe da aula e da produção, você ganhará um A. É simples assim!

Para conseguir um A faça o seguinte:
a. Entregue seus textos no prazo em aula e no Google Docs e intitule-os corretamente.
b. Passe seu texto para o Voice após cada edição.
c. Produza textos de boa qualidade que sejam bem-pesquisados e fundamentados.
d. Faça um bom trabalho na semana de produção.
e. Contribua para ideias de textos.
f. Contribua para críticas ao jornal.
g. Seja prestativo o tempo todo.
h. Seja entusiasmado.
i. Consiga anúncios.
j. Mantenha uma boa apresentação pessoal e mantenha o espaço da sala arrumado.

Empecilhos para implantar um programa de Mídias e Artes

Se essas habilidades são facilmente ensinadas em programas de aprendizagem híbrida, incluindo jornalismo, e são requeridas pelas diretrizes nacionais por que essa abordagem não é adotada em todas as escolas?

Há quatro razões principais para a relativa demora na adoção geral desse tipo de educação.

Razão nº 1

Embora os estudantes envolvidos na aprendizagem híbrida tendam a ter pontuações mais altas nas provas, gestores se preocupam que, caso os professores não ensinem diretamente para as provas, os estudantes se sairão mal. Provas rigorosas visam os padrões estaduais das diretrizes e do PISA. Embora ambos avaliem habilidades de linguagem, professores e gestores querem procedimentos que foquem diretamente às provas, incluindo fichas de trabalho e sessões práticas. Eles não percebem que o jornalismo embute testar todas as habilidades de escrita e artes da linguagem e que os estudantes aprendem e se lembram quando ficam envolvidos.

Talvez devamos reavaliar por que nosso país está focado em provas e não em projetos. Nós podemos continuar dando provas conforme exigido por muitas agências governamentais, mas deveríamos oferecer também tipos alternativos de teste, incluindo projetos.

Professores e gestores se sentem compelidos a ensinar visando às diretrizes educacionais e a aplicar o teste PISA para conseguir fundos para as escolas. Como os salários dos professores são ligados a pontuações em provas, eles sentem necessidade de estar no controle. Em consequência, grande parte da criatividade e da inovação desaparece da sala de aula.

Razão nº 2

Muitos professores ainda acham que seu papel em sala de aula é o de "sábio no palco", e escolas de pedagogia ainda treinam professores para ser os sábios do século XX.

Os professores precisam entender que seu papel é mais o de colaborador e facilitador do que palestrante; no entanto, muitos acham difícil fazer essa transição. Eles estão acostumados a manter o controle e acham complicado abrir mão disso. É difícil romper o ciclo, e por isso a pedagogia mudou pouco no decorrer de séculos. A escola como um todo é vista como um lugar onde os estudantes têm pouca voz. Um exemplo importante, discutido aqui anteriormente, é a decisão da Suprema Corte no caso Hazelwood em 1988, que dá a diretores e conselheiros o direito de censurar a imprensa estudantil. A censura à imprensa estudantil nos Estados Unidos é pior do que na China. Somente os estados do Arkansas, Califórnia, Colorado, Iowa, Kansas, Kentucky, Massachusetts e Oregon aprovaram leis garantindo os direitos da Primeira Emenda a jornais estudantis.

Razão nº 3

A administração acha que os estudantes precisam ser constantemente monitorados para atingir as metas desejadas. Seria bom haver cursos especiais de aprendizagem híbrida para gestores.

É difícil ensinar independência se os estudantes não têm liberdade. As administrações precisam abandonar programas que monitoram a tela de computador de cada estudante para se assegurar de que ele está fazendo a tarefa; isso invade a privacidade, destrói a independência e demonstra falta de confiança nos estudantes, professores e na própria administração. Em muitos distritos escolares motores de busca também são bloqueados porque os gestores têm medo do que os estudantes podem achar. Os gestores de escolas e bibliotecas temem perder os subsídios[21] destinados ao acesso à internet. Em consequência, eles seguem o lema: "Se tiver dúvida sobre alguma coisa, elimine-a". O Governo Federal tem de se esforçar mais para explicar as ramificações das leis relativas à segurança e à privacidade das crianças na internet, para que os distritos escolares não fiquem tão temerosos. Nós não paramos de ensinar os jovens a dirigir só porque tememos acidentes.

Razão nº 4

Há poucos professores com experiência em jornalismo. Talvez devêssemos treinar todos os docentes para lerem a mídia e escreverem um blog.

A maioria dos professores não tem experiência para ensinar jornalismo, e a maioria dos professores de português não está familiarizada com outros deveres além da resposta a ensaios de literatura. Nós também temos um corpo docente jovem e altamente inexperiente. Mais de 50% dos professores abandonam a profissão após cinco anos. É difícil ser

---

21 Escolas e bibliotecas norte-americanas recebem subsídio da Comissão Federal de Comunicações, órgão regulador do setor, para despesas com internet e telefonia. (N.E.)

inovador como professor. Formuladores de políticas públicas acham que novos professores em início de carreira são os mais inovadores e sagazes com tecnologia, mas na realidade é o oposto. Embora conheçam ferramentas tecnológicas para uso pessoal, eles não sabem usá-las em sala de aula. Fazer aula expositiva também é um modelo mais familiar para professores que só passaram dois anos em escolas de formação.

A aprendizagem híbrida pode ajudar os professores a serem mais eficazes em todas as situações. Se todos os professores, não importa qual seja sua disciplina, esperassem que os alunos fizessem textos colaborativos para a internet sobre assuntos que estão estudando e acham interessantes, o problema estaria em via de ser resolvido.

Jornal **The Campanile**, *produzido integralmente pelos alunos do ensino médio da Palo Alto High School.*

Revistas e site editados pelos alunos do ensino médio da Palo Alto High School. Os estudantes têm autonomia para definir o conteúdo das publicações, assim como por toda a produção editorial, redação dos textos, entrevistas, fotos, ilustrações, diagramação, impressão e distribuição.

Moonshots na voz dos alunos e professores

Para mostrar na prática o que realizamos no Centro de Mídias e Artes da Palo Alto High School, convidei a Maya Kitayama, aluna do ensino médio que atua como coeditora-chefe do jornal *The Campanile*, para escrever um texto sobre a aulas do professor de coro e teoria musical Michael Najar. Ela entrevistou o professor e os alunos para redigir o artigo que você vai ler a seguir – "Moonshots em teoria musical" – e que serve de exemplo do trabalho de um estudante de aprendizagem híbrida.

O segundo relato, intitulado "A magia da motivação", foi escrito pelo professor da nossa escola Paul Kandell, que atua também como consultor da revista *Verde* e do site Voice, ambos dirigidos pelos alunos. São dois exemplos que mostram, na prática, o efeito *"moonshot"* no processo de aprendizagem dos jovens e também na formação dos professores.

MOONSHOTS EM TEORIA MUSICAL
por Maya Kitayama

Alto e expansivo, Michael Najar é professor do coro e de teoria musical na Palo Alto High School (Paly) na Califórnia. Ele me saúda na porta da sala do coro e pede cinco minutos antes de se sentar comigo, então volta para seu escritório e fecha a porta para conversar com um aluno. Eu aguardo com dois garotos que ficam regularmente na sala de aula durante a hora do almoço, parecendo muito contentes de ficar nesse horário com o professor do coro.

Finalmente disponível para conversar, Najar se senta comigo em seu minúsculo escritório, onde há um computador, equipamentos de gravação e várias fileiras de livros de teoria musical. De temperamento aberto e amistoso – o que se pode esperar de um professor de música –, ele começa a entrevista explicando que seu interesse na interseção entre música e tecnologia se desenvolveu na faculdade. Quando era estudante, Najar teve acesso a várias ferramentas musicais on-line, que o ajudaram a aprender música mais efetivamente. Após sair da faculdade e se tornar professor, a variedade de ferramentas disponíveis para desenvolver habilidades como ouvido apurado, visão e composição geral começou a se expandir.

Najar é conhecido na escola como inovador, um feito impressionante já que a escola fica em pleno Vale do Silício, o cerne da inovação. Ele leciona no curso de teoria musical, uma matéria eletiva avançada para o ensino médio, com uma prova realizada durante o mês de maio. No entanto, Najar dá o curso por meio de um estilo novo de ensino conhecido como "aprendizagem híbrida", que abrange tecnologia e a sala de aula típica, incorporando-as em um sistema híbrido. Os estudantes que optam por fazer o curso estão entrando no 3º ou 4º ano do ensino médio[22]. É recomendado que eles tenham "experiência prévia com música" e "possuam ou tenham acesso regularmente a um computador", segundo o Catálogo de Cursos da Paly.

Durante o primeiro semestre, os estudantes de teoria musical se encontram uma vez por semana na última aula para discutir e concluir a tarefa de casa, algo semelhante ao modelo de sala de aula invertida. No restante do tempo, todo o conteúdo, aprendizagem e avaliações são disponibilizados por meio dos programas e testes on-line e tutoriais em vídeo de Najar. Os estudantes muitas vezes têm avaliações adicionais maiores em aula, além de algumas outras on-line. Najar acredita que esse modelo de fato eleva os níveis de realização de todos os estudantes. Ele reconhece que na maioria das aulas os estudantes se enquadram em três níveis de entendimento: um terço da turma fica entediado com o conteúdo, outro terço tem o nível esperado de compreensão e o terço restante fica para trás, sem entender o conteúdo. Graças à liberdade permitida pela aprendiza-

---

[22] Nos Estados Unidos, o ensino médio (*high school*) é composto por quatro anos (9º ao 12º ano), contados na sequência do equivalente ao ensino fundamental. Os alunos no primeiro ano são conhecidos como "*freshman*" [novatos]; no segundo ano, como "*sophomore*" [secundaristas]; no terceiro ano, como "*junior*"; e no quarto ano, como "*senior*". (N.E.)

gem híbrida, o percentual de 33% de estudantes que está se empenhando seriamente para compreender o conteúdo é convidado para entrar e ter ajuda pessoal do próprio Najar.

Considerando o êxito aparente que esse curso está tendo, Najar inicialmente acreditava que o curso é "particular para teoria musical". Além disso, como o curso é eletivo, há menos riscos envolvidos na adoção da aprendizagem híbrida. A Paly especificamente dá pouco peso a um curso eletivo. Em outras palavras, "ninguém se importa se uma turma de teoria musical não for bem nas provas", graceja ele.

No entanto, a falta de riscos em dar um curso com aprendizagem híbrida não levou a um relaxamento no desempenho dos alunos. Najar teve uma surpresa no início do primeiro semestre, quando ainda estava montando o curso. "Após uma semana sem ver [os alunos de teoria musical], eles apareceram e estavam aptos para discutir [o conteúdo]", disse Najar. "Todos eles participaram."

Esse contato com eles provou a Najar que esse modelo tinha um imenso potencial de êxito, e ele não se decepcionou no decorrer do ano. Obviamente, Najar observou alguns alunos se tornando "relapsos", uma tendência comum, seja qual for o método de ensino. "Quem não é bom aluno nas aulas não será um bom aluno on-line", explica Najar.

No entanto, segundo Najar, as pontuações dos estudantes nas provas e seu desempenho geral se alinham com aqueles dos estudantes de anos anteriores. Mas os alunos atuais também têm mais independência e acesso a mais ferramentas. Com a aprendizagem híbrida, os estudantes de teoria musical têm mais escolha, um privilégio que, por sua vez, dá poder a eles para irem mais longe em seu aprendizado.

A fim de oferecer um curso administrado dessa maneira, Najar teve essencialmente de recriá-lo, sem a ajuda do Departamento de Educação de Palo Alto. Quando indagado sobre o apoio que recebeu da administração enquanto criava o conteúdo, ele saca um certificado que parece do curso elementar com um risinho de escárnio e diz brevemente que foi da aula de "certificação" que fez por meio do Departamento de Educação de Santa Clara. Sem nenhuma ajuda real do distrito, Najar foi atrás de recursos on-line para montar seu curso antes do início do ano letivo. Por sorte, ele descobriu um mundo on-line onde há pessoas se conectando e colaborando por meio de diversas plataformas de mídias sociais, como Twitter e Facebook. Conectar-se a esses sites on-line lhe deu acesso a diferentes ideias e rubricas e o apoio geral de uma comunidade de professores e educadores pioneiros nesse novo universo da aprendizagem híbrida.

O curso de teoria musical conta com a assistência de vários programas de música on-line, como o Sonic Fit e o Note Flight, que funcionam como prática baseada em avaliação, na qual os estudantes podem praticar e consolidar suas habilidades. Najar também utiliza muitas ferramentas tecnológicas como formulários do Google e YouTube. Boa parte do conteúdo e a parte real de "ensino" em aula lançam mão de tutoriais em vídeo que Najar faz e posta no site de teoria musical. Ele experimentou programas mais complexos para gravação de captura de tela, como Screenium, mas achou que basta usar a ferramenta de gravação do QuickTime para fazer tutoriais simples em vídeo para seus alunos. Além disso, Najar descobriu que é possível agregar todos os tipos de recursos e ferramentas em um só lugar.

"Eu fiz uma unidade usando os formulários do Google", diz Najar. "Inseri todas as partes da unidade em um lugar, como vídeos, deveres, ferramentas formativas e adicionais em um só lugar."

Os reveses iniciais se deveram à sua falta de experiência com esses programas. Antes de o ano começar, ele mal conhecia os aplicativos do Google e não tinha a menor experiência em criar os tutoriais em vídeo que agora são tão essenciais para a continuidade do curso. Najar reconhece que sua maior dificuldade até o momento é relativa à preparação. Aclimatar-se a toda essa tecnologia e recursos novos é um desafio para ele e foi preciso fazer muitas tentativas até aprender, a fim de preparar o curso.

A maior realização para Najar veio da mudança que sentiu durante o curso. Ele deixou de acreditar que cabe aos professores apenas passar conteúdo, especialmente considerando a capacidade crescente dos estudantes de descobrirem coisas por conta própria.

"Turmas com mais amplitude vão ver que de fato a aprendizagem on-line é melhor", diz Najar. "Se você precisa de conteúdo, por que não achá-lo em seu celular ou computador? O que estamos procurando fazer é aumentar a profundidade e, certamente, eu não aperfeiçoei isso. Mas minha meta para os próximos dois anos é tornar as aulas mais profundas, pois é possível colocar o conteúdo nas mãos dos estudantes, e nós professores nos tornarmos facilitadores da aprendizagem profunda."

Najar insiste em enfatizar a mudança nos papéis dos estudantes e dos professores, notando que ela pode ser mais difícil para os docentes, que estão lentamente vindo a entender seu novo papel em sala de aula. "A escola não pode ser movida a conteúdo, não há razão para isso", diz Najar. "Os estudantes agora têm tanto poder, que os professores com mais problemas são aqueles resistindo ao fato de que deixaram de ser os provedores de conteúdo."

Najar também observa que a situação quanto ao êxito dos estudantes na aprendizagem híbrida se assemelha àquela em relação ao êxito dos professores. "Quem é um professor ruim em sala de aula vai ser um professor ruim on-line", assevera Najar. "Todos os desafios que eu tenho lecionando ao vivo são os mesmos que existem on-line."

Há ainda o argumento de que um sistema educacional em transformação que se afasta da sala de aula tradicional também se distancia da comunidade e do aspecto social que deriva de estudantes aprendendo juntos no mesmo ambiente. Najar revela que não discorda disso e é um grande defensor da expansão da comunidade dentro da sala de aula. No entanto, por experiência própria, ele descobriu que essa relação com seus alunos não sofreu quaisquer efeitos negativos durante a transição para a aprendizagem híbrida. "As conexões humanas são importantes e acho que não as perdemos nessa mudança", diz ele.

Najar de fato acredita que agora tem uma conexão maravilhosa com seus alunos nas mídias sociais. E ainda maior com seus mais de oitenta alunos do coro que com os de teoria musical. Ele está conectado com seus alunos em grupos no Facebook, para informá-los a respeito do coro e acompanhá-los em uma interface diferente.

"Eu nunca me torno amigo íntimo dos estudantes, mas eles fazem parte dos meus grupos no Facebook", diz Najar.

"Eu sei com quem eles estão, o que estão fazendo, quem convidaram para a festa estudantil naquele fim de semana, pois eles postam fotos. Eu sinto que essa é uma comunidade muito vibrante e a acompanho constantemente."

Quando o sino toca para a retomada das aulas, os alunos de teoria musical entram na sala do coro, puxam cadeiras pretas e formam uma espécie de semicírculo diante de Najar, que está sentado em uma cadeira dessas digitando em seu notebook. O sino soa pela última vez, a conversa fervilhante entre os jovens lentamente diminui e Najar larga o laptop para focar na turma. Ele dá as boas-vindas e passa a falar sobre o curso e a aprendizagem híbrida, e pede a opinião dos estudantes.

Após muitas mãos levantadas, conclui-se que esse curso é a primeira experiência de todos esses estudantes com aprendizagem híbrida. Exceto por um punhado deles que fizeram cursos on-line de Java e álgebra linear por meio de uma escola comunitária local, os demais não tinham nenhuma experiência em estudar em um ambiente diverso da sala de aula tradicional.

Najar pede que os estudantes deem suas opiniões sinceras, então uma garota levanta a mão e fala da independência e da responsabilidade requeridas em um curso com aprendizagem híbrida. "Eu achava que isso era bem informativo, mas acontece que esse método de aprendizagem requer um pouco mais de autodisciplina, e tenho de admitir que preciso de ajuda e recorrer a você", explica a garota.

Outro estudante ergue a mão em sinal de concordância. "Como não discutimos os deveres durante a aula, temos que nos ocupar disso por conta própria", diz ele. "Se você não entende algo completamente, é preciso mais tempo para obter ajuda, pois você tem de ir atrás disso alguma hora durante a semana."

Najar concorda que esse formato realmente implica diversos desafios, mas vários outros estudantes se unem para falar sobre seu lado positivo.

"Você pode conduzir [a aprendizagem] em seu próprio tempo, em seu ritmo, rever o vídeo, pular algo que já saiba", argumenta um estudante.

"Os dias ficam bem menos estressantes; se precisarmos de ajuda, basta vir aqui", concorda outro garoto. "Isso nos libera mais tempo."

Outros começam a aderir, acrescentando que o curso parece "os de faculdade", com muito mais flexibilidade, a capacidade de atender a diferentes velocidades de aprendizagem e tantos recursos adicionais para complementar o entendimento.

Outro estudante toca em um ponto interessante quanto ao potencial êxito da aprendizagem híbrida funcionando em aulas com o currículo central. "Tive muitos professores que não eram tecnologicamente competentes, então com eles isso não daria certo", explica ele.

Najar reconhece que esse ponto é interessante e faz outra pergunta. "Você não acha que isso é um problema? Você não acha que a competência tecnológica deveria fazer parte de como os professores ensinam?" A turma murmura em aparente concordância.

Uma garota sentada ao fundo, com lápis e papel no colo, levanta a mão em resposta às perguntas de Najar. Ela concorda com um comentário anterior sugerindo que a aprendizagem híbrida só funcionaria para turmas de matérias eletivas. "Ela não funcionaria para matemática ou as aulas obrigatórias em geral", diz ela.

Najar a instiga. "Por quê?"

"Ela requer explicação prática", responde ela em um tom mais baixo, possivelmente encabulada por ele querer mais explicações.

Ele a pressiona novamente. "Por quê?"

Ela tenta formular melhor seu pensamento. "Digamos que se você está aprendendo uma experiência, se você estiver resolvendo um problema difícil, você não pode apenas procurar a resposta", tateia. "Ou... acho que pode sim procurar a resposta."

Najar sorri, observando a percepção estampada no rosto dela. "Sim, pode, dá para fazer isso o tempo todo", conclui ele.

A turma de aproximadamente vinte jovens de teoria musical, que passou os últimos 12 ou 13 anos no sistema educacional industrializado que não mudou desde seu início, fica em silêncio.

"Vocês acham que a maneira com que a escola opera agora é a maneira pela qual a escola deveria funcionar", continua Najar. "Derrubar um pouco mais os muros não fará mal a vocês."

A MAGIA DA MOTIVAÇÃO
por Paul Kandell

"É a *motivação*", disse-me Aleksandar após sua primeira semana como jornalista residente observando aulas no novo Centro de Mídias e Artes na Palo Alto High School. Jornalista do governo da Macedônia e ativista de mídia juvenil que veio para cá em um programa de intercâmbio internacional, Aleksandar por ora fez relativamente poucas conexões com nossos estudantes, mas eu gostei desse jovem. Ele captou a magia do ensino de jornalismo e queria montar um programa desses em seu país. Ele também era muito observador e o apreciei como uma espécie de Alexis de Tocqueville[23] contemporâneo dissecando nossa cultura com um olhar de fora. "Seus alunos são *tão motivados*", disse ele, parecendo estupefato e inseguro após passar o dia perambulando pelo centro, como o homem com olhos de coruja observando a mansão de Gatsby. "Não tenho certeza de que vou conseguir fazer isso acontecer lá no meu país."

Em certo sentido, Aleksandar tem razão. O traço mais distintivo do programa que dirijo com minha colega Esther Wojcicki há 15 anos (ela já estava aqui 15 anos antes disso!) é que os estudantes são extremamente motivados. Eles chegam cedo para a aula e ficam até tarde, muitas vezes até à noite. Eles revisam tudo várias vezes. Eles saboreiam

---

23 Alexis de Tocqueville (1805-59) foi um pensador e político francês, considerado um dos maiores teóricos sobre a democracia americana. *A democracia na América* é a sua obra mais famosa.

juntos as refeições e desenvolvem uma lealdade tribal com suas equipes de publicação.

Eles elaboram e fazem apresentações sobre como melhorar seus produtos, e experimentam incansavelmente novas maneiras de divulgar suas mensagens. Muitas vezes eles disputam posições de liderança e, às vezes, se apegam tanto a uma aula de mídias e artes como se fosse a única coisa que os faz continuar vindo à escola. Eles se importam fervorosamente com seu trabalho.

Às vezes, porém, parece que o programa deveria ter sua própria Lua ou pelo menos uma estação espacial. Centenas de estudantes vêm até nós em busca de algo diferente da escola tradicional. Com cerca de duzentos estudantes de jornalismo avançado em meia dúzia de publicações, outros cem estudantes de jornalismo básico a cada ano, e mais algumas centenas em classes de fotografia e produção de vídeos, fora as centenas de estudantes nas aulas de inglês ministradas aqui, o Centro de Mídias e Artes é um empreendimento enorme.

Embora não tenhamos planetoides circulando em torno do Centro, nós de fato temos algo que a maioria das cidades não tem – um mercado competitivo de mídia, com estudantes de diversas publicações tentando dar um furo antes que as outras, competindo por seguidores no Twitter e curtidas no Facebook, gabando-se de utilizar o aplicativo ou serviço mais recente. Nós temos publicações novas brotando o tempo todo. Na semana passada, uma garota me procurou para falar de seu plano de criar uma revista on-line para estudantes "focados academicamente". "Em que posso ajudar?", perguntei. E há nosso nascente Paly

Radio Club, que pretende ser a versão na escola do podcast semanal "This American Life". Eu mal posso esperar para ouvir.

Nós respiramos esse ar diariamente, a ponto de às vezes não apreciarmos de onde ele vem. Mas a boa notícia para Aleksandar e todos que queiram competir com nosso êxito é que não há um grande segredo sobre a magia da motivação praticada na Paly por Esther nas últimas três décadas. Os ingredientes curriculares – audiência, direito de propriedade, aprendizagem baseada em projetos, comunidades de aprendizagem e acesso a tecnologia – são conhecidos pela maioria dos professores, mesmo que poucos pareçam saber como desencadear seu poder da maneira que os professores de jornalismo fazem. Veja como isso funciona.

Audiência

Basicamente falando, os estudantes se importam com seu trabalho nas aulas porque não estão publicando para seus professores. Eles publicam para uma comunidade de leitores formada por 2 mil estudantes e suas famílias de olho nas edições impressas, e para muitos mais na internet por meio das mídias sociais. Se fizerem tudo corretamente, eles podem causar um impacto positivo. Se errarem gravemente, milhares de pessoas saberão. Eles sabem que têm poder e estão interessados em aprender a canalizá-lo de maneira responsável e profissional.

Direito de propriedade

O direito de propriedade do curso de jornalismo não é hipotética nem vaga. Ela se escora no Código 48907 de Educação da Califórnia[24], a lei mais poderosa relativa à imprensa estudantil no país (e possivelmente no mundo), que dá a editores estudantis o controle sobre o conteúdo editorial. Eu dou muitos conselhos em minhas aulas sobre publicações, mas os estudantes são livres para aceitá-los ou descartá-los. Quer replicar nosso êxito? Comece fazendo seu estado aprovar uma lei semelhante, como meia dúzia de estados fizeram. Quer manter seus alunos com travas mentais? Atenha-se ao padrão instituído na decisão da Suprema Corte em 1988 no caso *Hazelwood contra Kuhlmeier*, que dá aos diretores de escola direitos amplos de censurar a expressão estudantil.

Aprendizagem baseada em projetos

A magia está na missão. Nós não desrespeitamos os estudantes desmantelando cada objetivo deles em uma centena de fragmentos, jamais deixando-os fazer tentativas. Em vez disso, nós os colocamos em equipes e lhes damos a liberdade de escolher objetivos verdadeiramente substanciais: planejar a página dupla central de um jornal explorando aspectos da nova política da escola em relação a fraude; escrever um editorial em equipe, idealmente apoia-

---

24 O código 48907 é conhecido como California Student Free Expression Law [Lei de Livre Expressão dos Alunos da Califórnia]. (N.E.)

do por unanimidade em uma votação, elogiando ou criticando o código de vestuário imposto pela administração; publicar uma revista de esportes com 48 páginas que faz pela escola o que a revista *Sports Illustrated*, uma das mais famosas do país, faz pela nação de amantes dos esportes; montar e manter um site que dá à comunidade uma cobertura atualizada de notícias que ela não encontrará em outro lugar. Nós também ensinamos as pequenas coisas, mas apenas no contexto maior. Os estudantes sabem que quando são bem-sucedidos nessas tarefas realizam um feito digno de nota.

Comunidade

Adolescentes querem ter a sensação de pertencimento, e nós oferecemos uma comunidade que supre essa necessidade. Fazemos refeições juntos e comemoramos aniversários. No evento que realizamos de volta às aulas, vejo pais sorrindo muito quando falo sobre a atmosfera "familiar" em minha sala de aula. Bem, os estudantes querem demais estar em equipes. Por que não facilitar isso?

Acesso à tecnologia

A sala de aula não deve ser uma prisão. Em vez de restringir o uso de telefones celulares e outras tecnologias em sala, nós do Centro de Mídias e Artes estimulamos seu uso responsável. Há uma *startup* no bairro oferecendo um novo aplicativo? Traga os criadores para que convidem os estudantes a testá-lo. Conseguiu uma ferramenta nova? Coloque-a nas mãos dos estudantes e deixe que eles a testem. Você quer as habilidades do século XXI? É preciso prover as ferramentas do século XXI baseadas nos princípios de senso comunitário, colaboração, inovação e publicação multiplataforma, e o Centro na Paly é projetado em muitos aspectos como o contrário de uma prisão.

Alguns dirão que é mais difícil desencadear essas forças quando as aulas não são de jornalismo, e até certo ponto eu concordo. Mas Esther e eu fazemos isso em nossas aulas de inglês, e vemos outros fazendo também, com resultados previsivelmente fantásticos. Só é preciso os diretores de escolas se conscientizarem do que constitui o cerne deste livro, além de energia e empenho para aplicar esses princípios.

Isso é uma verdade, esteja você em Peoria, Palo Alto ou na Macedônia.

Agradecimentos

Os autores gostariam de agradecer à Koret Foundation por seu apoio a este projeto. Gostaríamos de agradecer a Alex Silverman, estagiário de pesquisa no Pacific Research Institute (PRI) no verão, por seus valiosos esforços de coleta de dados. Além disso, também queremos agradecer à diretora criativa Dana Beigel pelo excelente layout deste livro e a Linda Bridges pelo copidesque no manuscrito da obra. Por fim, os autores reconhecem as contribuições da dedicada equipe do PRI, incluindo Rowena Itchon, vice-presidente sênior, e Sally Pipes, presidente e CEO, assim como os esforços de Christine Hughes e Chrissie Dong, ex-membros do departamento de desenvolvimento do PRI, e de Laura Dannerbeck, diretora de eventos e marketing no PRI. Os autores deste estudo trabalharam de forma independente e suas visões e conclusões não necessariamente representam aquelas da diretoria ou da equipe do PRI.

Gostaríamos ainda de agradecer às seguintes pessoas por seus feedbacks, conversas e apoio ao livro: John Merrow, correspondente de educação da PBS News-Hour e presidente da Learning Matters, David Kelley, professor na Universidade Stanford e fundador da IDEO e da D School em Stanford; Michael Horn, cofundador do Christensen Institute; Maggie Johnson, diretora de educação e relações universitárias no Google por seu apoio constante ao longo dos anos. Gostaríamos de agradecer a Dan Russell, cientista do Google Research, por sua contribuição excelente sobre buscas, e a Paul Kandell, meu colega na Palo Alto High School, por contribuir de forma esclarecedora sobre motivação.

Gostaríamos de agradecer a Tad Taube, presidente emérito da Taube-Koret Foundation pelo apoio surpreendente ao nosso trabalho e ao nosso programa; a Tina Frank, vice-presidente e COO da Koret Foundation, por seu apoio ao longo dos anos; a Kim Diorio, diretora da Palo Alto High School, por seu apoio e visão para ajudar a melhorar as escolas para todos os estudantes. Esther Wojcicki também gostaria de agradecer aos seguintes professores por sua enorme competência e por permitirem que nós incluíssemos seu trabalho em nosso livro: Suney Park, da Eastside College Prep; Cynthia Ambrose e Jennifer Janes, das Horry County Schools (Whittemore Park Middle School); Joyce Tang, da Milpitas USD (Thomas Russell Middle School); Josh Paley, professor na Gunn High School; Dan Maas, CIO nas Littleton Public Schools, Colorado; Mike Hathorn, professor na Hartford High School, Vermont; Wendy Gorton, educadora em Portland, Oregon; Andi Kornowkski, professor na Kettle Moraine High School, Wisconsin; Lucie deLaBruere, professora em St. Albans, Vermont; e Kevin Brookhauser, professor de ciências humanas e cidadania digital na Califórnia.

Esther Wojcicki também gostaria de agradecer à sua ex-aluna Maya Kitayama, coeditora-chefe em *The Campanile* 2013-14, por seu artigo sobre o professor de teoria musical Michael Najar. Ela gostaria ainda de agradecer à equipe de educação no Google por seu apoio constante: a Jonathan Rochelle, cofundador do Google Docs/Drive e grande entusiasta de tecnologia; a Zach Yeskel, gerente de produtos do Google Sala de Aula; a Jennifer Holland, gerente de produtos do Google Apps for Education. E gostaria também de agradecer a Betsy Corcoran, fundadora e CEO do EdSurge, por sua ajuda para achar a assistente editorial Alicia Chang que fez um trabalho surpreendente. Ela também reconhece o apoio da Knight Foundation a seu trabalho ao longo dos anos. Foram muitas as pessoas que a apoiaram, inclusive seus alunos que a ajudaram a entender as necessidades dos adolescentes de hoje. Muito obrigada a todos vocês.

Referências bibliográficas

BEST, J. R.; MILLER, P. H.; NAGLIERI, J. A. Relations between executive function and academic achievement from ages 5 to 17 in a large, representative national sample. PubMed.gov, 2011. Disponível em: http://www.ncbi.nlm.nih.gov/pubmed/21845021.

FERNALD, Anne; MARCHMAN, Virginia A.; WEISLEDER, Adriana. SES differences in language processing skill and vocabulary are evident at 18 months. *Development Science*, 8 dez. 2012. Disponível em: http://onlinelibrary.wiley.com/doi/10.1111/desc.12019/abstract.

GILLIAM, Walter; SHAHAR, Golan. Preschool and child care expulsion and suspension: rates and predictors in one state, 2006. *Infants and Young Children*, v. 19, nº 3, 2006. Disponível em: http://www.researchgate.net/publication/232198215_Preschool_and_Child_Care_Expulsion_and_Suspension_Rates_and_Predictors_in_One_State.

GRAZIANO, Paulo A.; REAVIS, Rachael D.; KEANE, Susan P.; CALKINS, Susan D. The role of emotion regulation and children. National Center for Biotechnology Information, 1º fev. 2007. Disponível em: http://www.ncbi.nlm.nih.gov/pmc/articles/ PMC3004175/.

HART, Betty; RISLEY, Todd R. The early catastrophe: the 30 million word gap. *American Educator*, v. 27, nº 1, set. 2003.

_____; _____. Meaningful differences in the everyday experience of young children. *Early Education for All*, 1995. Disponível em: http://www.strategiesforchildren.org/eea/6research_summaries/05_MeaningfulDifferences.pdf.

KAHN, Jennifer. Can emotional intelligence be taught. *The New York Times*, 11 set. 2013. Disponível em: http://www.nytimes.com/2013/09/15/magazine/can-emotional-intelligence-be-taught.html?pagewanted=all&_r=1&.

MARTINS, Lilian C. Bacich. *Implicações da organização da atividade didática com uso de tecnologias digitais na formação de conceitos em uma proposta de ensino híbrido*. 317f. Tese (Doutorado em Psicologia) – Instituto de Psicologia, Universidade de São Paulo, São Paulo, 2016.

MCDANIEL, Mark A.; WADDILL Paula J.; EINSTEIN, Giles O. A contextual account of the generation effect: a three factor theory. *Journal of Memory and Language*, v. 27, ed. 5, out. 1988, pp. 521-36.

NEWMANN, F. et al. *Student engagement and achievement in American secondary schools*. Nova York: Teachers College Press, 1992.

OECD. "Shanghai and Hong Kong: two distinct examples of education reform in China". In: *Strong Performers and Successful Reformers in Education: Lessons from PISA for the United States*. 2010

RAVER, C. Cybele; KNITZER, Jane. Read to enter: what research tells policymakers about strategies to promote social and emotional school readiness among three and four-year-old children. National Center for Children in Poverty, 2002. Disponível em: http://www.son.washington.edu/centers/parenting-clinic/opendocs/ProEmoPP3.pdf.

RIMM-KAUFMAN, Sara; PIANTA, Robert; COX, Martha. Teachers' judgements of problems in the transition to kindergarden. *Early Childhood Research Quarterly*, v. 15, nº 2, 2000.

ROEDIGER, H. L.; KARPICKE, J. D. Test-enhanced learning: taking memory tests improves long-term retention. *Psychological Science*, 2006.

SMITH, Steven M.; GLENBERG, Arthur; BJORK, Robert. Environmental context and human memory. *Memory & Cognition*, v. 6, 1978.

SOCIETY for Research in Child Development. Social policy report brief: new approaches to social and emotional learning in schools, v. 26, ed. 4, 2012. Disponível em: http://www.srcd.org/sites/default/files/documents/washington/sel_2013_2.pdf.

SPIEGEL, Alex. Struggle for smarts? How eastern and western cultures tackle learning. National Public Radio, 12 de novembro de 2012. Disponível em: http://www.npr.org/ blogs/ health/ 2012/11/12/164793058/struggle-for-smarts-how-eastern-and-western-cultures-tackle-learning.

TAN, Charlene. The culture of education policy making: curriculum reform in Shanghai. *Critical Studies in Education*, v. 53, nº 2, 2012.

Sites

http://articles.latimes.com/2013/sep/30/local/la-me-1001-lausd-i-pads-20131001

http://blogs.kqed.org/mindshift/2014/04/teachers-most-powerful--role-adding-context/

http://edutopia.org

http://en.wikipedia.org/wiki/Woodcock%E2%80%93Johnson_Tests_of_Cognitive_Abilities

http://psycnet.apa.org/journals/psp/21/2/204/

http://tmw.org

https://sites.sas.upenn.edu/duckworth/pages/research-statement

https://www.christenseninstitute.org/wp-content/uploads/2013/04/Classifying-K-12-blended-learning.pdf

www.corestandards.org/Math/Practice/MP1

https://www.edutopia.org/blog/evaluating-quality-of-online-info-julie-coiro

www.innosightinstitute.org/innosight/wp-content/uploads/2012/05/Classifying-K-12-blended-learning2.pdf

https://www.isbe.net/ils/social_emotional/standards.html

www.p21.org

www.slate.com/articles/life/education/2013/09/paying_attention_is_a_skill_schools_need_to_teach_it.html

Este livro foi impresso na
LIS GRÁFICA E EDITORA LTDA.
Rua Felício Antônio Alves, 370 – Bonsucesso
CEP 07175-450 – Guarulhos – SP
Fone: (11) 3382-0777 – Fax: (11) 3382-0778
lisgrafica@lisgrafica.com.br – www.lisgrafica.com.br